1 「正しい行動《こうどう》」って何だろう

【学習《がくしゅう》のねらい】 ★自分で正しくはんだんし，場面《ばめん》や相手《あいて》におうじた，正しい行動をとることができる。

ステップ 1

■「正しい」はんだんとは何かな。

■場面や相手におうじた「正しい行動」って何だろう。

ステップ 2

場面や相手を考えて，自分ではんだんして行動しなくてはならない。

ステップ 3

■役割《やくわり》を決《き》めて，やってみよう。

○場面や相手におうじた「正しい行動」をやってみる。（左ページのイラストを参考《さんこう》にしよう。）

■グループで話し合ってみよう。

○人にめいわくをかけない「正しい行動」について，感《かん》じたことや考えたことを話し合う。

ステップ 4

■「あいさつをしよう」「整理《せいり》，整とんをしよう」などの学校やクラスの生活目標《もくひょう》にそって，場面や相手におうじた「正しい行動」ができるようにしていこう。

みんなのクラスには、
どのような生活目標が
あるかな。

3うめ
いつも明るく元気に　友だちと仲良くする　クラス
話をしっかりと聞き　さいごまでがんばる　クラス

ステップ 5

■場面や相手におうじた「正しい行動」がわかったかな。

■学校やクラスの生活目標の大切さがわかり，正しく行動することができたかな。

2 時間を守《まも》ることの大切さ

【学習《がくしゅう》のねらい】 ★時間を守って行動《こうどう》することの大切さを知り，時間を守って生活することができる。

ステップ 1 ■時間を守って生活できていますか。

ステップ 2 時間を守ることは生活の基本《きほん》である。

● 5分のちこく ●

「そんな人間のいる会社と仕事《しごと》なんてできるか！　こっちはみんな必死《ひっし》になってやっているんだ。ふざけるな！」ある日の夕食後，家族《かぞく》で見ていたあるドキュメンタリー番組のワンシーンだ。

ぼくは，特《とく》に見たい番組もなく，ただぼんやりとながめていただけだったが，おじさんがあまりにおこっているので見入ってしまった。

どなっている人は50才ぐらいで会社の社長さん。どなられているのは会社をたずねてきた２人の男の人たちだった。どうやら，男の人たちが約束《やくそく》した時間に５分おくれて会社をおとずれたことにはらを立てているようだった。

ぼくは，「５分ぐらいで，そんなにおこらなくてもいいのに…」とつぶやいた。

するといっしょに見ていたお父さんがぼくに言った。

「この人は５分おくれたことをおこっているのかなぁ…。なあ，人間がいちばんたくさんする約束って何だと思う？」

「……」

「時間だよ。おまえだって待《ま》ち合わせの時間とか友達《ともだち》と決《き》めて約束するだろ。」

「時間を守らない人間は約束を守らない人間だって言っているんだと思うな。お父さんは…」

ぼくは，５分ぐらいと言った自分のことを考えていた。

ステップ 3

グループで話し合ってみよう。

■学校生活で「時間を守る」ための目標《もくひょう》を決めてみよう。

例《たと》えば…

○「授業《じゅぎょう》の始《はじ》まりを伝《つた》えるチャイムが鳴ったら，すぐに授業ができるようにする。」

■その目標を達成《たっせい》するために，何をしたらよいのかを話し合ってみよう。

例えば…

○「休み時間になったら，すぐに次《つぎ》の授業のじゅんびをしておく。」
○「決められた時間の５分前から行動を始《はじ》める。」

ステップ 4

■話し合って決めたことに，実際《じっさい》に取《と》り組んでみよう。
■「時間を守る」ことに，家庭《かてい》でも取り組んでいこう。

ステップ 5

■どうして，時間を守って生活することが大切なのかわかったかな。

一週間の生活の計画を考えて、スケジュール表《ひょう》にまとめてみよう。

3 健康《けんこう》の達人《たつじん》になろう

【学習《がくしゅう》のねらい】 ★健康な生活を送《おく》るために，自分の生活をふり返《かえ》り，きそく正しい生活を心がけることができる。

ステップ 1

■あなたは，資料《しりょう》を見てどう思ったかな。

■健康な生活を送るためには，どのようなことが大切なのかを考えてみよう。

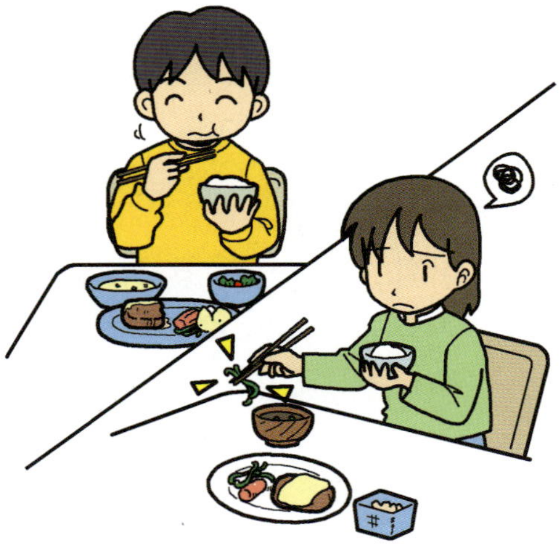

[小学生の体格《たいかく》と体力 ―昭和《しょうわ》60年度《ねんど》と平成《へいせい》19年度―]

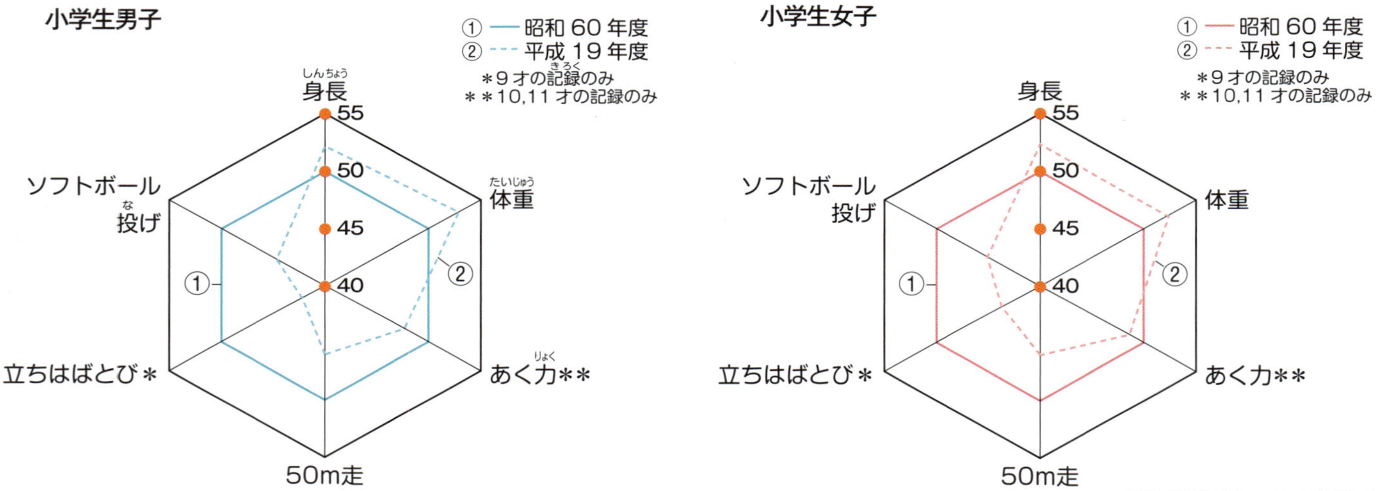

（「平成19年度体力・運動《うんどう》能力《のうりょく》調査《ちょうさ》」文部科学省《もんぶかがくしょう》）

[朝食を食べている人，食べていない人のちがい]

	10才男子			10才女子		
	毎日食べる	ときどき食べない	毎日食べない	毎日食べる	ときどき食べない	毎日食べない
身長	139.07cm (1000人)	138.38cm (97人)	134.24cm (11人)	140.69cm (998人)	140.64cm (96人)	143.24cm (5人)
50m走	9.34秒《びょう》 (997人)	9.45秒 (97人)	9.71秒 (11人)	9.52秒 (998人)	9.69秒 (95人)	9.68秒 (6人)
ソフトボール投げ	26.23m (1004人)	25.88m (97人)	25.55m (11人)	15.21m (998人)	15.48m (97人)	14.67m (6人)

※（　）内は調《しら》べた人数

（「平成20年度体力・運動能力調査」文部科学省）

ステップ 2

健康な生活を送るためには，「食事《しょくじ》・運動・すいみん」をしっかりととることが大切である。

ステップ 3

■調べてみよう。

○食事，運動，すいみんの3つのグループに分かれて，それぞれが人間の体や健康と，どのようなかかわりがあるかを調べる。

「早ね・早起《お》き・朝ごはん」は、どうして大切なのだろう。

■まとめてみよう。

○調べてわかったことをまとめる。

■発表《はっぴょう》してみよう。

○どのように生活したらよいのかを考えて，発表する。

栄養士《えいようし》の先生に、食事のことを聞いてみよう。

すいみんについて、保健《ほけん》の先生に聞いてみるのもいいね。

ステップ 4

■自分の1日をふり返り，健康な生活に取《と》り組んでいこう。

ステップ 5

■健康な生活を送るために，どのようなことをチェックしていけばよいかわかったかな。

○食事のとり方
○運動の量《りょう》と内容《ないよう》
○すいみん時間

4 きそく正しい生活で，心も体も元気に

【学習《がくしゅう》のねらい】 ★自分の生活リズムを見直し，計画を立ててきそく正しい生活をすることができる。

ステップ 1 ■自分の生活のリズムを見直そう。

ステップ 2

毎日を健康《けんこう》にすごすためには，生活リズムを整《ととの》えることが大切である。

● 早《お》起きは三文《さんもん》の徳《とく》 ●

早起きをすると，健康によいだけでなく，そのほかにも何かよいことがあるものである，ということを表《あらわ》したことわざ。

ステップ 3

■ | 日の生活の仕方《しかた》について，グループで話し合ってみよう。

○早起きして，何かに取《と》り組んだときのことを出し合おう。そのとき，どのような気持《きも》ちになったかな。
○夜，おそくまで起きていて，次《つぎ》の日にやる気が起きなかったなどの経験《けいけん》はないかな。
○朝ごはんを食べてこなかったとき，学校でなんだかイライラしてしまったことはないかな。

■健康のことを考えながら，自分の | 日の生活のスケジュールを立てましょう。

○起きる時刻《じこく》，食事《しょくじ》をする時刻，運動《うんどう》をする時刻，ねる時刻を考える。

すいみんは，もう少し必要《ひつよう》だよ。
ねる

ステップ 4

■きそく正しい生活を心がけていこう。

○1週間の生活の計画を考えて，スケジュール表《ひょう》にまとめる。

7月10日（木）

	6:00	7:00	7:30	3:30	5:00	6:00	6:30	8:00	9:00	9:30	10:00
すいみん	げん関《かん》のそうじ ラジオ体そう	朝食	学　校	外で遊《あそ》ぶ	勉強《べんきょう》 宿題《しゅくだい》	読書	夕食	テレビ	ふろ	日記	すいみん

▲まりさんが作ったスケジュール表の一部分《いちぶぶん》

ステップ 5

■きそく正しい生活を送ることの大切さがわかったかな。

■きそく正しい生活を続《つづ》けているかな。

● 体の中に時計がある？ ●

生き物《もの》の体の中にそなわっている，時間をきざむ仕組《しく》みのことを，「体内時計《たいないどけい》」とよんでいます。人間の脳《のう》の中に，時計のようなはたらきをする部分があるのです。

不《ふ》きそくな生活を送っていると，この体内時計がうまくはたらかなくなり，体調《たいちょう》がすぐれず，気持ちが落《お》ちこんだり，イライラしたりすることが多くなり，ひどいときには病気《びょうき》になってしまうこともあります。

5 一生けん命《めい》が美《うつく》しい

達成感《たっせいかん》を味《あじ》わおう

【学習《がくしゅう》のねらい】★学校やクラスのいろいろな行事《ぎょうじ》や集会《しゅうかい》などに進《すす》んで参加《さんか》することができる。

ステップ1 ■あなたは，どんな目標《もくひょう》をもっているかな。

チームになろう

ステップ2

集団《しゅうだん》の目標を意識《いしき》して，一生けん命取《と》り組むことが大切である。

ステップ 3

■運動会《うんどうかい》の結果《けっか》を想像《そうぞう》し，どんなことを達成したいか考えよう。そのために必要《ひつよう》なこと，自分の目標を決《き》めよう。

毎日、休み時間に練習《れんしゅう》したからだと思います。
どうして、よい結果が出せたと思いますか。

○なぜ，よい結果になったのだろう。
○なぜ，残念《ざんねん》な結果になったのだろう。

ステップ 4

■目標をもって，一生けん命に取り組んでいこう。

○運動会のプログラムにあなたの立てた目標を書き入れよう。

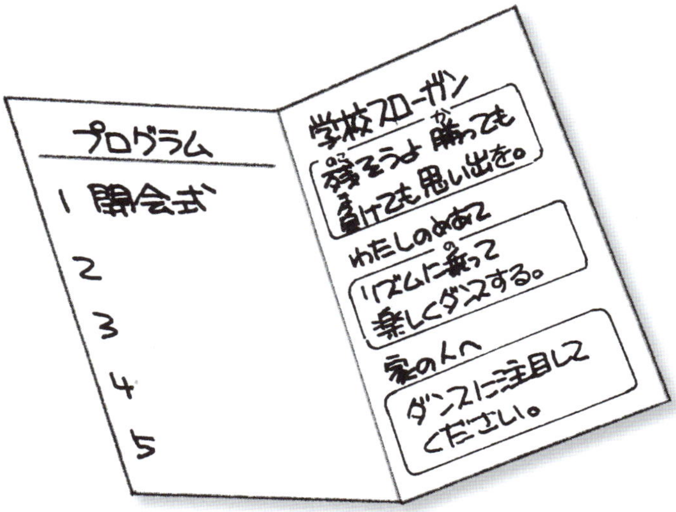
プログラム
1 開会式
2
3
4
5
学校スローガン
残《のこ》そうよ 勝《か》っても
負けても思い出を。
わたしのめあて
リズムに乗《の》って
楽しくダンスする。
家の人へ
ダンスに注目して
ください。

ステップ 5

■目標を達成するために，一生けん命に取り組んだことは何かな。

○作文を書いたり，新聞にまとめたりして，表《あらわ》してみよう。

運動会のほかにも、学校には、こんな行事があるね。
★学習発表会《はっぴょうかい》
★てんらん会
★六年生を送《おく》る会 など

運動会が終《お》わって

わたしは運動会の練習が始《はじ》まったとき，「リズムに乗《の》って，楽しくダンスする」という目あてを立てました。なぜかというと，去年《きょねん》の運動会でダンスのときに，音楽に合わせておどると楽しかったからです。

練習中は，友達《ともだち》と動《うご》きを合わせるために音楽をよくきき，みんなといっしょに大きな声を出しました。休み時間にも教室で音楽をかけて友達といっしょに練習しました。音楽が鳴ると自然《しぜん》と体が動きだすようになり，楽しい気持《きも》ちになります。

本番が終わったときの大きなはく手《しゅ》がわすれられません。来年の運動会でも大きなはく手がもらえるようにしたいです。

6 そなえあれば，うれいなし

いざというときには，落《お》ち着《つ》いて

【学習《がくしゅう》のねらい】★地《じ》しんや火事《かじ》が起《お》きたときに，あわてないで安全《あんぜん》にひなんすることができる。

ステップ 1

■地しんは，今，このしゅん間《かん》にも起こるかもしれません。そのときあなたはどうしますか。

▲阪神《はんしん》・淡路《あわじ》大しんさいで起きた火事（1995年）
（人・街《まち》・ながた震災《しんさい》資料室《しりょうしつ》 提供《ていきょう》）

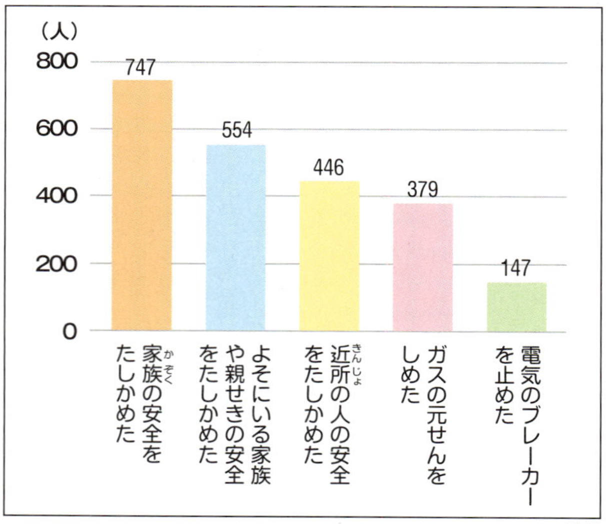

▲阪神・淡路大しんさいが起きたすぐあとに，人々がとった行動《こうどう》
（総務庁《そうむちょう》＝現《げん》，総務省《そうむしょう》）

地鳴りがゴー

せん週の火曜日，みんながねむりについている明
け方，五時四十六分にかんさい大震《だいしん》さいがありまし
た。

さいしょ，地鳴りがゴー！とものすごい音をたて
てひびきました。だから私《わたし》はひっしになっておふと
んにもぐりこみました。それと同じにたたきつけら
れるようにゆれたので声も出ません。その時，私は，
何がおこったのかちっとも分かりません。その後に
つづくよ震《しん》がこわいけれど，部屋《へや》の様子《ようす》をちょこっ
と見てみたら，だれかが来たかのように雨戸が開《あ》い
ていて，きみがわるいぐらいベッドもたんすも四，
五十センチメートル動《うご》き，絵もかたむいていました。
まるで，ゆう園地のおばけやしきでした。ラジオを
聞いた時しんど7と伝《つた》えていたのでびっくりしまし
た。私はこんなひどいじしんに会うなんてしんじら
れない事《こと》だと思います。

▲阪神・淡路大しんさいを記録《きろく》した小学生の作文
『じしん大きらい　あの瞬間《しゅんかん》　阪神大震災』（国土社刊《かん》）

地しん！ そのとき10ポイント

①グラッときたら 身《み》の安全
②すばやい消火《しょうか》 火の始末《しまつ》
③あわてた行動 けがのもと
④まどや戸を開け 出口をかくほ
⑤落下物《らっかぶつ》 あわてて外に 飛《と》び出さない
⑥門やへいには近よらない
⑦正しいじょうほう たしかな行動
⑧ひなんの前に 安全かくにん 電気・ガス
⑨たしかめ合おう わが家の安全 おとなりの安否《あんぴ》
⑩協力《きょうりょく》し合って 救出《きゅうしゅつ》・救護《きゅうご》

（品川区《しながわく》「地震《じしん》！ そのとき10ポイント」）

ステップ 2

自分の身の安全は，まず自分で守《まも》らなければならない。

ステップ 3

■地しんにそなえよう。

○たくさんのぼうさい用品《ようひん》の中から，いちばん大切だと思われるものを選《えら》び，選んだわけを説明《せつめい》する。

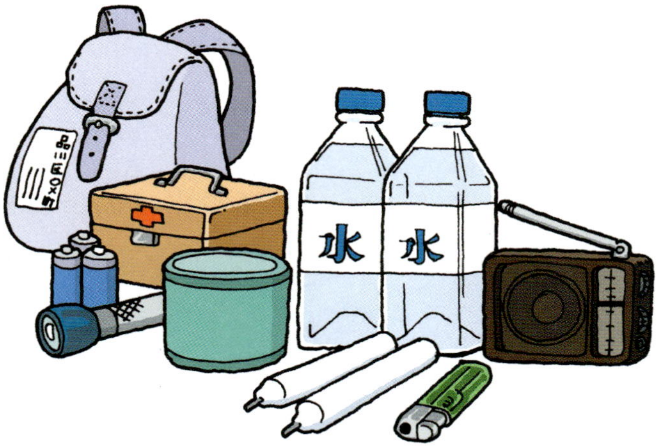

▲品川区の小学生がかいたぼうさいのポスター

ステップ 4

■家族で相談《そうだん》しよう。

○家の人と，ひなん場所《ばしょ》やぼうさい用品などの地しんにそなえた取《と》り組みについて話し合う。

ステップ 5

■地しんや火事にそなえたじゅんびの大切さがわかったかな。

■ひなん訓練《くんれん》で「お(おさない)・か(かけない)・し(しゃべらない)・も(もどらない)」を守ることができたかな。

■家に一人でいるときに，ひなんはできるかな。

7 一人はみんなのために，みんなは一人のために

もっと気《き》持《も》ちよく生活しよう

【学習《がくしゅう》のねらい】★自分の係《かかり》や当番の仕事《しごと》を，友達《ともだち》と力を合わせて，最後《さいご》までやりとげることができる。

ステップ 1

■自分たちのクラスがよりよいクラスになっていくためには，どんな係や当番の仕事があるとよいかな。

■係や役割《やくわり》は，何のために必要《ひつよう》なのかな。

ステップ 2

一人一人が，自分の係や当番の仕事を，せきにんをもってやることで，クラスや学校は，すばらしいものになる。

ステップ 3

■係や当番の仕事を決《き》めよう。

○それぞれの係や当番の仕事
○係や当番の仕事をやりとげるために必要な人数

自分が選《えら》んだ
係だから，
しっかりやるぞ。

教室の黒板《こくばん》が
いつもきれいに
なるようにしよう。

くばり
せいりせいとん（本）
作ひん
黒ばん
時間わり
まど
理科

■それぞれの係や当番を引き受《う》ける人を決めたら，次《つぎ》のことについて話し合って決めよう。

○係や当番の目的《もくてき》
○係や当番の目標《もくひょう》
○仕事内容《ないよう》
○活動《かつどう》計画

ステップ 4

■協力《きょうりょく》して自分たちで決めた係や当番の仕事に取《と》り組んでいこう。

■家庭《かてい》の中で自分がせきにんをもってやる仕事を，家族《かぞく》と話し合って決めよう。そして，取り組んでいこう。

ステップ 5

■せきにんをもって係や当番の仕事に取り組むことができたかな。

■自分たちの活動をふり返《かえ》り，見直すことができたかな。

■集団《しゅうだん》で活動していくとき，一人一人がせきにんを果《は》たしていくために，どのようなことが大切なのか，わかったかな。

8 去年《きょねん》とちがう自分になろう

自分がのびていくために，今，必要《ひつよう》なこと

【学習《がくしゅう》のねらい】★毎日の生活や学習の目標《もくひょう》を決《き》めて，計画を立てて取《と》り組むことができる。

ステップ 1

■ I年間で，成長《せいちょう》したのはどこかな。

1年間をふり返《かえ》って

わたしは，引っこみ思案《じあん》なせいかくで，初《はじ》めて会う人と話をするのが，とても苦手《にがて》でした。でも，この1年間に，社会科の校外活動《かつどう》で，自分から進《すす》んでインタビューをする役割《やくわり》を引き受《う》けて，人と話をするのが好《す》きになるように努力《どりょく》しました。

そのおかげで，今では，校外活動でいろいろな人に会って話をするのが，とても好きになりました。

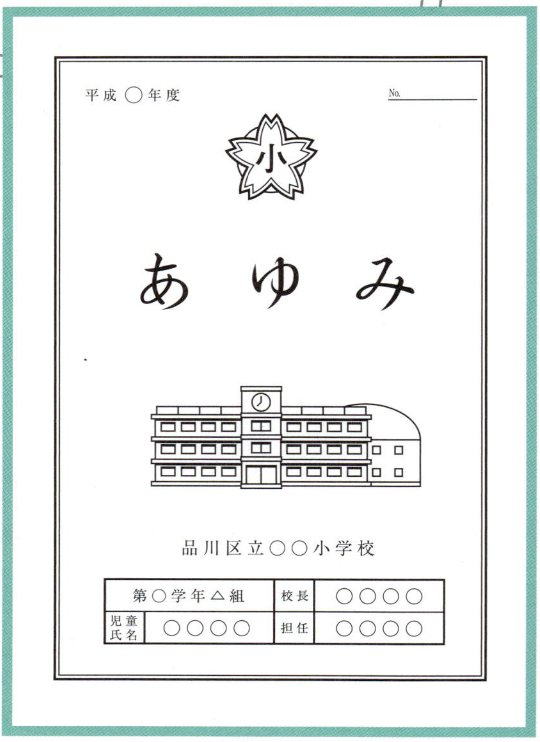
平成◯年度
No.
小
あゆみ
品川区立◯◯小学校
第◯学年△組
校長 ◯◯◯◯
児童氏名 ◯◯◯◯
担任 ◯◯◯◯

ステップ 2

目標をもち続《つづ》けることが大切である。

あなたは，どんな「自分」になりたいか考えているかな。

ステップ 3

■目標に向《む》かうために，見通しをもとう。

ある物事《ものごと》をなしとげたり，ある地点まで行き着《つ》いたりするための目あてを「目標」といいます。目標に行き着くために，どのようにしたらよいのかを考えて計画を立てることを「見通しをもつ」といいます。

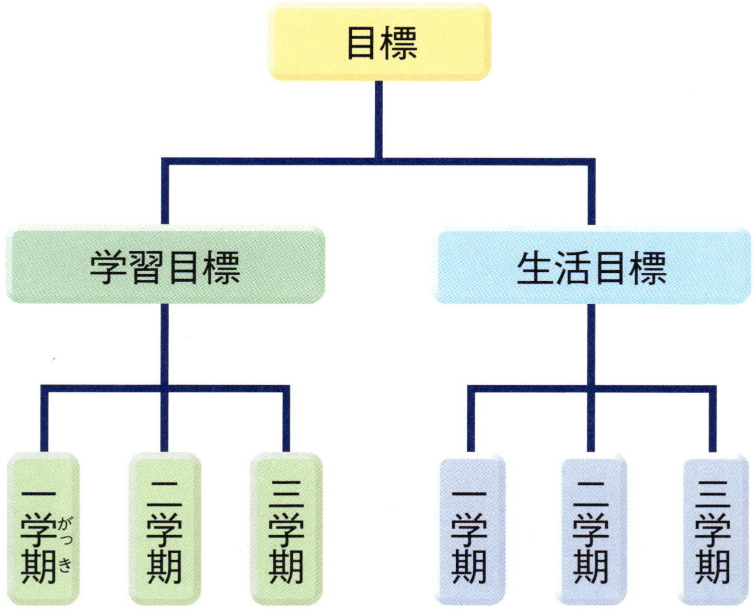

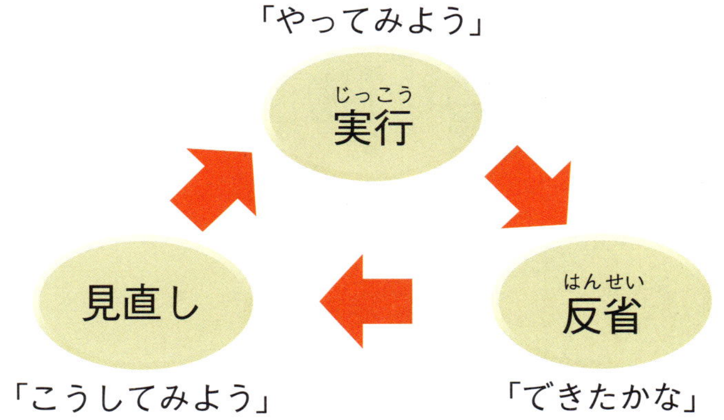

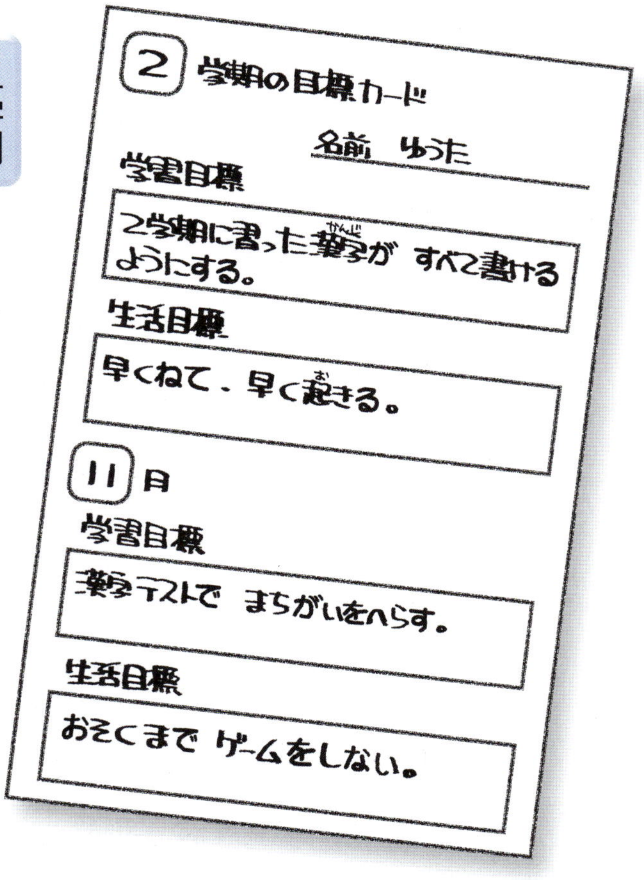

ステップ 4

■自分の目標を決めて計画を立てて実行していこう。

■1か月ごとにふり返り，「目標カード」に書きこんでいこう。

ステップ 5

■目標を達成《たっせい》するための計画の立て方がわかったかな。

■自分の行動《こうどう》をふり返り，見直すことができたかな。

9 明日の自分のために

決《き》めたことは，やりぬこう

【学習《がくしゅう》のねらい】 ★決めたことを，最後《さいご》までやりとげることができる。

ステップ1 みんなで力を合わせて，最後までやりとげたことはあるかな。

グループで
クラスで
学年で

ステップ2

みんなが同じ目標《もくひょう》をもったとき，心は一つになる。

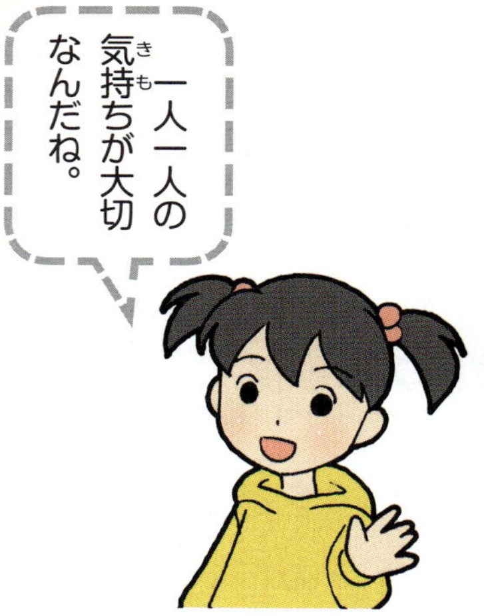
一人一人の気《き》持《も》ちが大切なんだね。

目標を達成《たっせい》するためには，努力《どりょく》が必要《ひつよう》です。でも，その努力が正しいものなのかどうか，改《あらた》めるべきところはないのかをふり返《かえ》ることも大切です。

目標に行き着《つ》くのはとても大変《たいへん》です。でも，みんなが力を合わせると，もっと大きな目標に向《む》かうことができます。

ステップ 3

■グループで話し合ってみよう。

○一人ではむずかしかったが，グループでならできたという経験《けいけん》について，話し合う。
○どうしてやり通すことができたのか，やり通すために，どのようなくふうをしたのかをまとめる。

■クラス全体《ぜんたい》で話し合ってみよう。

○グループで話し合ったことを発表《はっぴょう》し合う。
○クラスの目標に向かって，がんばり続《つづ》けるにはどうしたらよいのかを話し合う。
○友達《ともだち》といっしょにすることで，がんばる気持ちが生まれたり，解決《かいけつ》の方法《ほうほう》がわかったりしたことをふり返る。

ステップ 4

■グループやクラスでの取《と》り組みを大切にしていこう。

■一人一人の意見《いけん》をしっかりと聞き合おう。

ステップ 5

■みんなと力を合わせる意味《いみ》がわかったかな。

■グループやクラスの中での自分の大切さに気づいたかな。

10 話し合って，解決《かいけつ》しよう

【学習《がくしゅう》のねらい】 ★クラスなどでの課題《かだい》を，話合いで解決することができる。

ステップ 1 こんなとき，どうしているかな。

ステップ 2

おたがいに納得《なっとく》できるよりよい方法《ほうほう》を見つけるために，話し合うことが大切である。

何のために話し合うのかをよく考えよう。

ステップ 3

■話合いで解決できること，できないことを区別《くべつ》してみよう。

○自分の将来《しょうらい》のゆめ　○クラスの目標《もくひょう》　○自分の好《す》きな色

○運動会《うんどうかい》のスローガン　○クラスのルール　○自分の１日のスケジュール

■グループで話し合ってみよう。

きちんと区別がつけられるかな。

ステップ 4

■クラスや集団《しゅうだん》の問題《もんだい》はきちんと話し合って決めていこう。

○みんなにとっていちばんよい方法を考える。

相手《あいて》の話を最《さい》後《ご》まで聞いてあげることが大切だね。
自分の意見《いけん》があるときは遠《えん》りょせずに話してみよう。
自分とは反対《はんたい》の意見が出たら、どちらがよりよい意見か考え直してみよう。
みんなで話し合って決めたことは、きちんと守《まも》ろうね。

ステップ 5

■なぜ話し合うことが必要《ひつよう》なのかわかったかな。

■話合いによって問題を解決することができたかな。

11 「思いやりの心」をもとう

【学習《がくしゅう》のねらい】★集団《しゅうだん》の中で，相手《あいて》に対《たい》する思いやりをもってせっすることができる。

ステップ1 ■相手のことを「思いやる」とはどんなことなのだろう。

いろいろな人とつながって，人は生きている…。

ステップ 2

一人一人の思いやりが，信《しん》らいをつないでいく。

あなたの「思いやり」を友達《ともだち》に伝《つた》えよう。

ステップ 3

■ふり返《かえ》ってみよう。

○友達といっしょに活動《かつどう》しているとき，相手の気持《きも》ちを考えているかな。

■グループで話し合ってみよう。

○集団で活動していくと，いろいろな気持ちがわかる。人とかかわり合いをもち，上手《じょうず》につき合うために大切なことは何かを考え，話し合う。

ステップ 4

■「自分がしてもらえたらうれしいな」と思うことを，実行《じっこう》していこう。

■「自分がされたらいやだな」と思うことを，相手に対しても行わない。

ステップ 5

■思いやりの大切さがわかったかな。

■相手の気持ちを考えて活動できたかな。

●「想《おも》う」と「思う」●

「想う」とは，「思う」と同じで，「相」手の「心」を先に考えてあげることです。

12 みんなちがって，みんないい

【学習《がくしゅう》のねらい】 ★自分のよさや「個性《こせい》」を集団《しゅうだん》の中で生かすことができる。

ステップ 1

- あなたは，自分の「よさ」に気づいているかな。
- みんなのよいところを，あなたは知っているかな。

ステップ 2

一人一人が「よさ」を発揮《はっき》できるのが，よりよい集団である。

世界《せかい》に一つだけの花

SMAP《スマップ》の「世界に一つだけの花」の歌詞《かし》の中に，こんな言葉《ことば》があります。

…No.1《ナンバーワン》にならなくてもいい
もともと特別《とくべつ》なOnly《オンリー》 one《ワン》

「特別なOnly one」とは，どういう意味《いみ》なのでしょうか。

ステップ 3

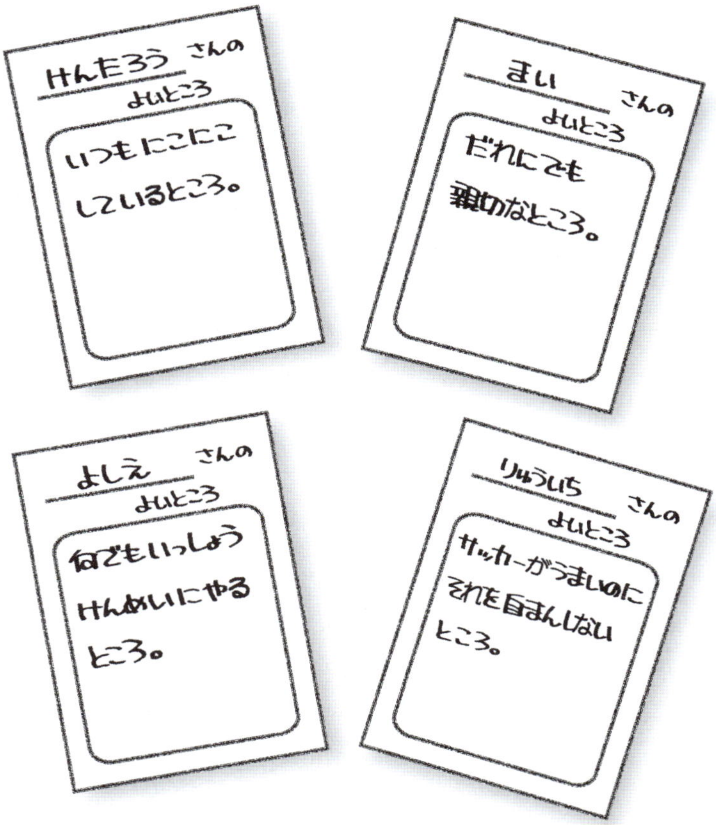
けんたろう さんの
よいところ
いつもにこにこしているところ。
まい さんの
よいところ
だれにでも親切なところ。
よしえ さんの
よいところ
何でもいっしょうけんめいにやるところ。
りゅういち さんの
よいところ
サッカーがうまいのにそれを自まんしないところ。

■カードに書き表《あらわ》してみよう。

○自分自身《じしん》や友達《ともだち》の「よさ」を考えて，カードに書き表す。

■ふり返《かえ》ってみよう。

○友達の「よさ」に心を動《うご》かされたり，助《たす》けられたりしたことはないか，ふり返ってみる。

■話し合ってみよう。

○よりよいクラスにしていくために，みんなの「よさ」を，どのような場面《ばめん》で生かせばよいと思うかを話し合う。

OK
OK

ステップ 4

■自分の「よさ」に自信《じしん》をもち，学校や家庭《かてい》で役立《やくだ》てていこう。

ステップ 5

■自分自身の「よさ」を生かしながら，人と協力《きょうりょく》して活動《かつどう》することの大切さがわかったかな。

13 心と心をつなげよう

【学習《がくしゅう》のねらい】 ★だれに対《たい》してもあたたかい言葉《ことば》をかけ，親切にすることができる。

ステップ 1

■こんなとき，あなたならどんな言葉をかけるかな。

友達《ともだち》が、消《け》しゴムを拾《ひろ》ってくれたとき。

ありがとう。
…………。
ありがとう！
さがしてたんだ。

友達との約束《やくそく》を、やぶってしまったとき。

しかたがないだろう。
だって…。
…………。
どうしても行かなければならない急《きゅう》な用事《ようじ》ができたんだ。ごめんなさい。次《つぎ》は必《かなら》ず行くね。

友達が、給食《きゅうしょく》をこぼしてしまったとき。

何してるんだよ！
あーあ，ほら見ろ。
だいじょうぶ？
やけどしなかったかい！
いっしょにふくよ。

ステップ 2

言葉にしないと相手《あいて》に伝《つた》わらないことがある。

あたたかい
言葉をかけて
いるかな。

言葉のまほう

待《ま》ちに待ったゲームソフトが発売《はつばい》になった。ぼくは、さっそく買いに行った。家に帰ってゲームをするのがとても楽しみだ。ぼくは、つつみとおつりを受《う》け取《と》ると、店からいきおいよく外に出た。

そのとき、男の子が店にとびこんできて、ぼくは、その子とぶつかってしまった。

「いたいっ。よく前を見ろよ。この、あわてんぼ。」

ぼくは、ついどなってしまった。すると、その子も、顔色をかえて、どなり返《かえ》してきた。

「そっちがとび出してきたんじゃないか。」

店の出入り口で、しばらくにらみ合った。出入り口がこんざつしていなかったら、つかみ合いになったかもしれない。

家に向《む》かって歩きながら、男の子の言葉や顔を思い出すと、むしゃくしゃして、楽しみにしていた気持《きも》ちがだいなしになってしまった。

次の日、ぼくは、スーパーマーケットにお使《つか》いに行った。スーパーマーケットの中で買い物《もの》のメモを見ながら角を曲《ま》がったら、反対《はんたい》がわから来た男の子にぶつかってしまった。ふいだったので、ぼくは、持《も》っていたかごを落《お》としてしまった。コロコロコロと、今買ったばかりのみかんが、かごの中から転《ころ》がりだした。

その男の子は、びっくりした顔をしていたが、すぐ、

「あっ、ごめんね。だいじょうぶ。」

と、すまなそうに言うと、転がったみかんを追《お》いかけて、一つ一つ拾った。

ぼくは、あわてて言った。

「いいんだ。ぼくもぼやっとしていたから。みかんを拾ってくれて、ありがとう。」

男の子は、にこっとしてうなずいた。ぼくも、つられて、にっこりした。そのとき、きのうの出来事《できごと》が頭にうかんで、ぼくは、はっとした。

（平林和枝《ひらばやしかずえ》の作品《さくひん》による。『3年生の道徳《どうとく》』文溪堂《ぶんけいどう》　より）

ステップ 3

■役割《やくわり》を決《き》めて，やってみよう。

○さまざまな場面《ばめん》で，友達にどのような言葉をかければよいのかを考えて，言葉で伝えてみよう。
○ふき出しに言葉を入れてみよう。

友達が
○○
してくれたとき。

ステップ 4

■あたたかい言葉をつかって生活していこう。

「だいじょうぶ?」「ありがとう」のあとにひと言そえると、気持ちが伝わるね。

ステップ 5

■思いやりの気持ちを言葉で伝えることができたかな。

○友達から言われた「あたたかい言葉」をみんなにしょうかいしよう。

14 ありがとう　あなたの気持《きも》ちを伝《つた》えよう

【学習《がくしゅう》のねらい】★親切にしてもらったり，お世話《せわ》になったりした人に感謝《かんしゃ》の気持ちを伝えることができる。

ステップ 1

■「ありがとう」の気持ちを伝えているかな。

あなたは、どのようにして感謝の気持ちを伝えているかな。

ステップ 2

いつも周《まわ》りに感謝の気持ちをもつことが大切である。

ステップ 3

自分がお世話になっている人はだれか，考えてみよう。

二分の一成人式《せいじんしき》で，これまでにお世話になってきた方々に，感謝の気持ちを伝えてみよう。

ありがとうございます。

お母さんへ

10年間，育《そだ》ててくれてありがとう。食べ物《もの》の好《す》ききらいをしたり，おそくまで起《お》きていたりして，とてもめいわくをかけました。

わたしは，大人になったら，保《ほ》育士《いくし》になりたいと思います。だから，一生けん命《めい》に勉強《べんきょう》をするつもりです。

これからも，よろしくお願《ねが》いします。

かおりより

ステップ 4

親切にしてもらったり，お世話になったりしたときには，「ありがとう」の言葉《ことば》で感謝の気持ちを伝えていこう。

「ありがとう」の五つの文字にも、いろいろな気持ちがあるんだね。

あなたにありがとう

作詞《さくし》・作曲《さっきょく》　中山真理《なかやままり》

あなたがいたから　がんばってこられたんだね
ひとりぼっちなら　とうに　くじけてた

あなたがいたから　元気でいられたんだね
いつも　励《はげ》ましてくれてたからだね

どんな時も　支《ささ》えてもらったから
つらいこと　いやなこと　いつしか　忘《わす》れてた

あなたに　ありがとう
ありがとう　ありがとう
いつまでも　だいじな宝物《たからもの》
そばに　いたこと

ステップ 5

心をこめて「ありがとう」と伝えることができたかな。

15 ささえられている わたし

【学習《がくしゅう》のねらい】★自分の生活は周《まわ》りの人たちにささえられていることに気づき，感謝《かんしゃ》の気持《きも》ちを表《あらわ》すことができる。

ステップ 1

■あなたは一人で生きているのかな。

○自分の１日をふり返《かえ》り，どんな人が自分の生活をささえてくれているのか考えてみましょう。

ステップ 2

わたしはたくさんの人に
ささえられて生きている。

ステップ 3

■感謝の気持ちの伝《つた》え方を考えてみよう。

○自分の生活をささえてくれている人を考えよう。
・その人たちに感謝の気持ちを伝えているか考える。

○感謝の気持ちを伝える方法《ほうほう》を考えよう。
・直接《ちょくせつ》，感謝の気持ちを伝えられるとき。
・感謝の気持ちを行動《こうどう》で表すとき。

ステップ 4

■いつも「ささえてくれてありがとう」
の気持ちをもって生活していこう。

ステップ 5

■あなたをささえてくれている人たちに，気づいたかな。
■感謝の気持ちを伝える方法を考え，行動することができたかな。

だれかをささえるために、あなたには何かできることがあるかな。

16 言いたいことは，どんなこと

相手《あいて》の気持《きも》ちになって，わかりやすく話したり，聞いたりしよう

【学習《がくしゅう》のねらい】★相手の話をしっかりと聞いたり，自分の考えや気持ちを伝《つた》えたりすることができる。

ステップ 1　■どうしたら気持ちのよい話し方・聞き方ができるかな。

ステップ 2

聞き手にわかるように話し，話し手の気持ちになって聞くことが大切である。

ステップ3

話をしてみよう。

○何を話すのか，話題《わだい》を決《き》める。
○話す順番《じゅんばん》を決める。
○時間を決める。
○１対《たい》１で話をする。
○ふり返《かえ》りをする。
※話し手と聞き手を交代《こうたい》する。

話をしている様子《ようす》をビデオに録画《ろくが》して見てみるのもいいね。

★次《つぎ》のような話題で話をしてみよう。

昨日《きのう》のできごと　自分の家族《かぞく》のこと
自分の好《す》きな物《もの》（食べ物，スポーツ，遊《あそ》び場《ば》，音楽）
旅行《りょこう》の思い出　夏休みのできごと　お気に入りの本
など

もっと上手に話したり聞いたりできるよ。

★上手《じょうず》な話し方

○聞き手の目を見て話す。
○大きな声ではきはきと話す。
○えがおで話す。

★上手な聞き方

○話し手の目を見て話を聞く。
○うなずいたり，あいづちを打《う》ったりして，自分の気持ちを伝えながら話を聞く。
○話を聞いて，わからなかったことをたずねたり，意見《いけん》を伝えたりする。

１対１で話をした感想《かんそう》を，ワークシートにまとめてみよう。
話題をかえて，練習《れんしゅう》してみよう。
相手をかえて，練習してみよう。

ステップ4

上手な話し方や聞き方を，授業《じゅぎょう》や生活の場面《ばめん》で生かしていこう。

ステップ5

上手な話し方や聞き方をすることができたかな。

17 ていねいな言葉《ことば》で話そう

その言葉づかいでいいかな

【学習《がくしゅう》のねらい】★相手《あいて》におうじて言葉づかいを変《か》えて話すことができる。

ステップ 1

■その言葉づかいでいいかな。

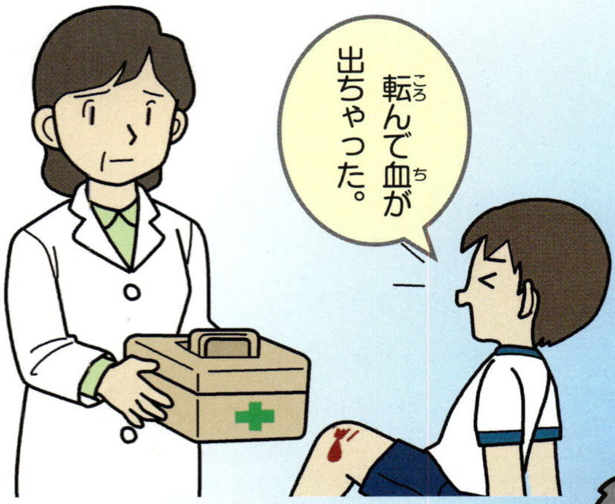

転《ころ》んで血《ち》が出ちゃった。

わかんないから、こっち来て。

ねえ、主事《しゅじ》さん、直して。

ステップ 2

相手や場面《ばめん》に合った，ふさわしい言葉づかいがある。

男の子と女の子の言葉を、年上の人と話すときにふさわしい言葉に言いかえてみよう。

目上の人と話をするときの言葉づかい

・**尊敬語《そんけい》** 話し相手や，話題《わだい》になっている人物《じんぶつ》にかかわることを高めて言う言い方。「いらっしゃる」「おっしゃる」「なさる」など。
・**謙譲語《けんじょう》** 自分にかかわることを低《ひく》めて言う言い方。「うかがう」「お願《ねが》いする」(お～する)など。
・**丁寧語《ていねい》** 話し相手に対《たい》して，ていねいに言う言い方。「～です」「～ます」など。

ステップ 3

■友達《ともだち》と役割《やくわり》を分担《ぶんたん》して，会話をしてみよう。

①年上役になった人と，友達と話すような話し方で会話をする。

②年上役になった人と，ていねいな言い方で会話をする。

■会話をした感想《かんそう》を話し合い，どのような話し方や態度《たいど》がふさわしいのかを考えてみよう。

インタビューしてみよう（例《れい》）

「今、お話をうかがってもいいですか。」

「ぼくは、〇〇小学校の〇〇〇です。」

「今日は、昔《むかし》の生活についてお話を聞かせてください。」

「一つめの質問《しつもん》です。」

★インタビューの仕方《しかた》

○相手の都合《つごう》をたしかめる。

○たずねたいことや，たずねる順番《じゅんばん》をまとめておく。

○インタビューをする。
（話を聞く人，メモを取《と》る人を決《き》めておいてもよい。）

ステップ 4

■学校や地域《ちいき》，家庭《かてい》での毎日の生活の中で，相手や場面にふさわしい言葉づかいをしていこう。

ステップ 5

■学校や地域，家庭での毎日の生活の中で，相手や場面にふさわしい言葉づかいができるようになったかな。

18 みんなに伝《つた》えるには？

わかりやすく話してみよう

【学習《がくしゅう》のねらい】★伝えたい相手《あいて》に，自分の考えや気持《きも》ちを伝えることができる。

ステップ1

■何のために話をしたり，人の話を聞いたりしているのかな。

ステップ2

みんなにわかりやすく伝えるには方法《ほうほう》がある。

ステップ 3

みんなの前でわかりやすく話すための方法(例《れい》)

★理由《りゆう》づけ

自分の考え → その理由 → まとめ

★ナンバーリング

言いたいこと → 1つめは… → 2つめは…

★ 5W1H

いつ・どこで・だれが・何を・どうして・どのように

★プレゼンテーション

資料《しりょう》を使《つか》いながら説明《せつめい》をする

聞く人の立場になって伝え方をくふうしよう。
ナンバーリングは、話す順番《じゅんばん》をしめすことだよ。

■みんなの前で，話をしてみよう。

○伝えたいことをはっきりさせて，原《げん》こうを書く。
○わかりやすく伝えるための資料を用意《ようい》する。
○声の大きさや，話す速《はや》さなどをくふうして，話す練習《れんしゅう》をする。
○みんなの前で話をする。
○友達《ともだち》の意見《いけん》をもとにして，正しく伝わったかをふり返《かえ》る。

これでぼくの話を終《お》わります。
ありがとうございました。では、一人ずつ感想《かんそう》をお願《ねが》いします。

「わたしがすすめる一さつの本」という話題《わだい》で話をしてみよう。

ステップ 4

■ふだんの学習や生活の中で話したり聞いたりするときに，役立《やくだ》てていこう。

ステップ 5

■自分の考えや思いを正しく伝える方法を使って話すことができたかな。

19 いろいろな話し合い方

【学習《がくしゅう》のねらい】 ★グループでの話し合い方を理解《りかい》し実行《じっこう》する。

ステップ 1

■本当に話し合うことができているのかな。

ステップ 2

話合いにはルールがある。

ステップ 3

テーマを決《き》めて，話し合う方法《ほうほう》を知ろう。

～グループディスカッションのやり方～

①話し合うメンバー

テーマに合ったメンバーでグループを作る。（4～6人）

②話し合う時間

10～15分

③話合いの役割分担《やくわりぶんたん》

司会《しかい》，記録《きろく》，発表《はっぴょう》

④話合いの順番《じゅんばん》

- 何が問題《もんだい》かをかくにんする。
- 話合いの順番を決める。
- 問題の原因《げんいん》は何かを考える。
- 解決《かいけつ》するための考えを出し合う。
- グループとしての結論《けつろん》を出す。

⑤話合いのまとめ

グループで決めたことを発表する。

やり方がわかると、話合いを進《すす》めやすくなるよ。

ステップ 4

いろいろなことを話し合って決めていこう。

この問題については，クラスで話合いができたらいいなあ…。
司会や記録などの役割を順番に受《う》け持《も》って、話合いをしよう。
当番の仕事《しごと》がちょっと…。
班《はん》で考えてほしい！

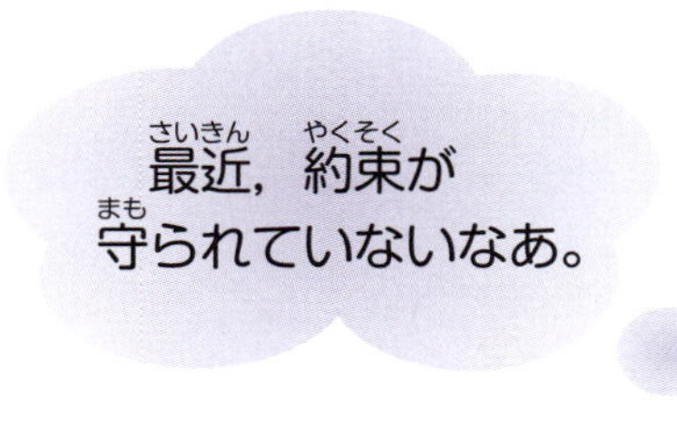
最近《さいきん》，約束《やくそく》が守《まも》られていないなあ。

ステップ 5

話し合うことの意味《いみ》がわかったかな。

一人一人の意見をみんなで考え，決めることができたかな。

20 「ゴール(目標《もくひょう》)」を考え，歩く「道のり」を決《き》めよう

【学習《がくしゅう》のねらい】★自分たちでよりよいクラスにすることができる。

ステップ 1

■どんなクラスにしたいと思っているかな。

ステップ 2

全員《ぜんいん》が同じ目標をもつことで，本当の協力《きょうりょく》ができる。

● 目標とゴール ●

「目標」とは，ある物事《ものごと》をなしとげたり，ある地点まで行き着《つ》いたりするための目あてや目印《めじるし》のことです。英語《えいご》では，「ゴール」という言葉《ことば》を使《つか》います。

ステップ 3

学級会《がっきゅうかい》を開《ひら》き，自分たちの目標を考えてみよう。

★まずは自分で考えること

○クラスのよさはどんなところかな。
○クラスでこまっていることは何だろう。
　※だれか一人でもこまっていたら，そのことをクラスみんなで考える。
○どんなクラスにしたいと思っているのかな。

一人一人が
真《しん》けんに考え
てみよう。

ステップ 4

クラスの目標を達成《たっせい》するために，「一人一人が努力《どりょく》すること」「クラス全員で取《と》り組むこと」を決めて実行《じっこう》していこう。

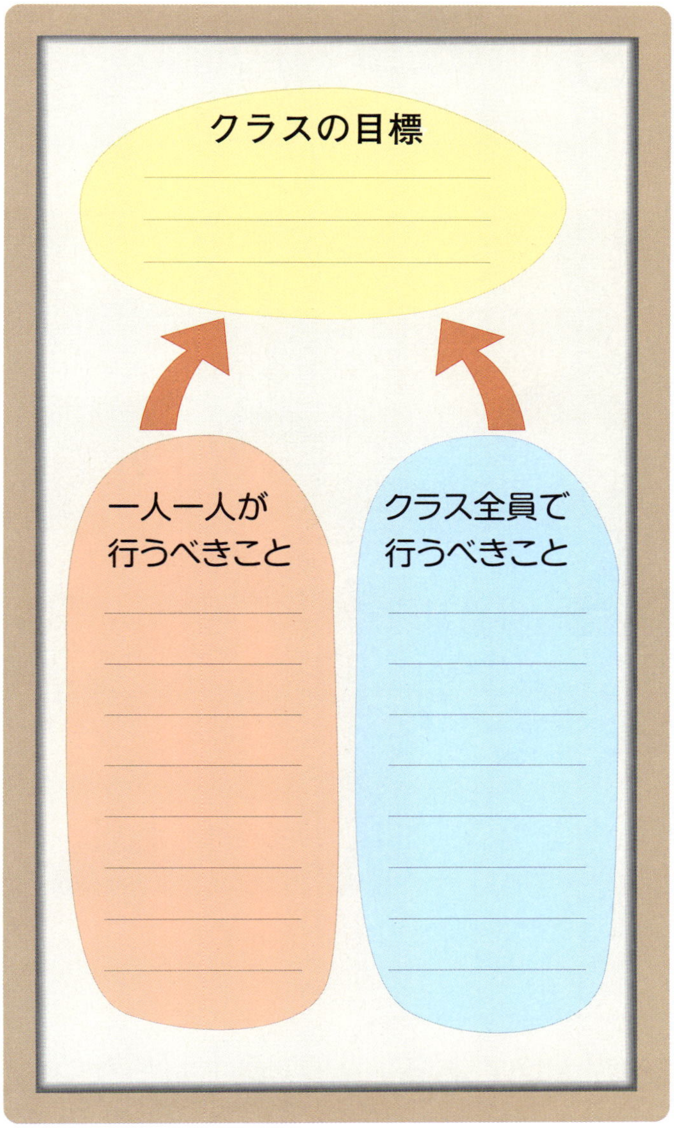
クラスの目標
一人一人が
行うべきこと
クラス全員で
行うべきこと

ステップ 5

クラスの目標を一人一人がわかっているかな。

ゴール(目標)に近づくために，クラス全員で努力することができたかな。

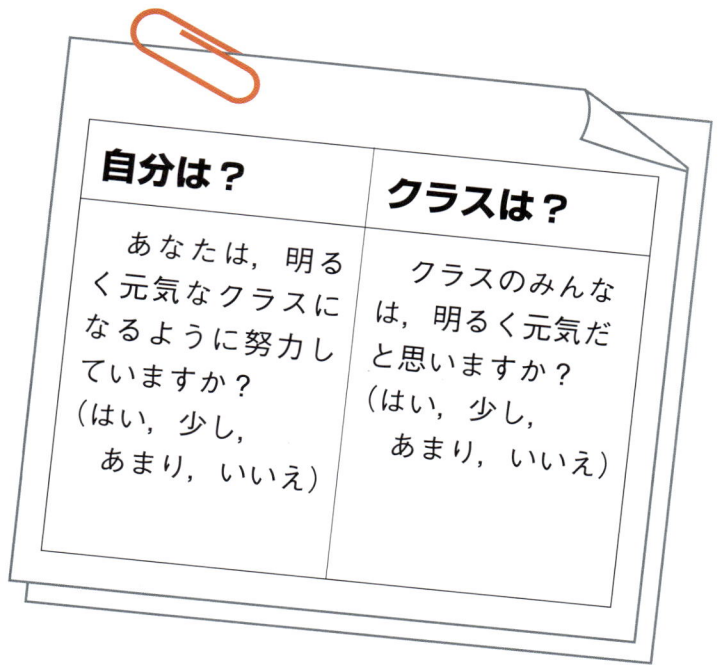

自分は？	クラスは？
あなたは，明るく元気なクラスになるように努力していますか？ (はい，少し， あまり，いいえ)	クラスのみんなは，明るく元気だと思いますか？ (はい，少し， あまり，いいえ)

目標を決める
ことは、とても
大切なんだね。

21 学級会《がっきゅうかい》を開《ひら》こう

【学習《がくしゅう》のねらい】 ★学級会を開き，話合いで物事《ものごと》を正しく決《き》めることができる。

ステップ 1

■自分たちで話合いを進《すす》めるには，どうしたらよいだろう。

ステップ 2

話し合う目的《もくてき》を考えて意見《いけん》を出し合うことが大切である。

ステップ 3

■みんなの意見が活発《かっぱつ》に出るように，じゅんびして話し合おう。

○先生と事前《じぜん》の打《う》ち合わせをしよう。
○議題《ぎだい》や提案理由《ていあんりゆう》，学級目標《もくひょう》にそった話合いになるよう，自分の考えをもって学級会に参加《さんか》しよう。
○議題をみんなで決めて，話し合おう。

〈議題例《れい》〉

学期《がっき》	3年生	4年生
1	自己《じこ》しょうかいをしよう。 係《かかり》を決めよう。 スポーツ大会をしよう。 雨の日の遊《あそ》びを考えよう。	学級の歌を作ろう。 運動会《うんどうかい》をもり上げよう。 朝の会･帰りの会をくふうしよう。 遠足のレクリエーションを考えよう。
2	夏休みの思い出発表会《はっぴょうかい》を開こう。 クラスしょうかいビデオを作ろう。 がんばったことを発表しよう。 ミニオリンピック大会を開こう。	イラストコンクールを計画しよう。 議題を集《あつ》めるくふうをしよう。 お楽しみ会をしよう。
3	友達《ともだち》のよいところカルタを作ろう。 学級ギネスを作ろう。 6年生を送《おく》る会の出し物《もの》を決めよう。	得意《とくい》なものを発表しよう。 学級文集《ぶんしゅう》を作ろう。 クラスの歴史《れきし》を残《のこ》そう。 6年生を送る会のじゅんびをしよう。

ステップ 4

■話し合って決まったことを，実行《じっこう》しよう。

ステップ 5

■話し合ったことや，実行したことをふり返《かえ》り，次《つぎ》に生かそう。

22 心を伝《つた》えるマナー

【学習《がくしゅう》のねらい】 ★基本的《きほんてき》なマナーを身《み》につけることができる。

ステップ 1

■マナーって何だろう。

おはよう。
おはよう
ございます。

食事《しょくじ》のとき

くしゃみのとき

ステップ 2　みんなが気持《きも》ちよく生活するためにマナーがある。

■マナーとは，人を思いやること，場を大切にすること。

ステップ 3

■こんなときどうするか考えてみよう。

主事室
最初《さいしょ》に
何て言ったら
いいのかな。

職員室

ステップ 4

■相手《あいて》や場面《ばめん》におうじたマナーを考えて
生活していこう。

ステップ 5

■マナーの大切さがわかったかな。

23 心の分かれ道

【学習《がくしゅう》のねらい】★よいかよくないかを十分に考え，よいと思ったことは自信《じしん》をもって行うことができる。

ステップ 1

■こんなとき，あなたはどうするかな。

★植木《うえき》ばちをわってしまった友達《ともだち》がいたとき

★給食《きゅうしょく》をこぼしてしまった友達がいたとき

こんなとき，
あなただったら
どうしますか？

★道にごみをすてている友達がいたとき

★一人ぼっちの子がいたとき

ステップ 2

よいと思ったことは，自信をもって行うことが大切である。

「きちんとかたづけてあやまったほうがいいよ」と言うと，何か言われるかも。

ステップ 3

■よいことを自信をもって行えるようにするには，どうすればいいかな。

もし、植木ばちをこわした友達を見つけたら、あなたはどうする？

ちゃんと，あやまろうよ。

仲《なか》のよい子だし，ぼくが見なかったことにすればいいのかな。

ステップ 4

■ふだんの生活の中で，正しいと思ったことを，実行《じっこう》していこう。

ステップ 5

■正しいと思ったことを，自信をもって実行することができたかな。

24 正直で素直《すなお》な心

【学習《がくしゅう》のねらい】★素直な気持《きも》ちをもち，正直な態度《たいど》で行動《こうどう》する。

ステップ 1

自分の心をのぞいてみよう。

まどガラスと魚

進一郎《しんいちろう》の投《な》げたボールが，思いがけなく高くとびました。圭祐《けいすけ》は，とび上がりましたが，とどきません。「しまった。」と思う間もなく，「ガッチャーン！」とガラスのわれる音がしました。

「にげろ。」

と，圭祐がかけ出したので，進一郎もむちゅうでかけました。頭の中では，

——にげちゃいけない。あやまらなきゃいけない。

と思いながら，足のほうは，どんどん先へ走りました。今にも後ろから大きな手で，ぐいとえり首をつかまれそうな気がしました。

遠くまでにげのびると，圭祐は，進一郎の顔を見て，「よかったね。」というように，にやりとしました。しかし，進一郎はわらいもせず，顔をまっかにして，息《いき》をはずませていました。

よく日《じつ》，学校へ行くとき，進一郎は，遠回りをして，こっそりきのうの場所《ばしょ》を通りました。その家のまどガラスは，一まいだけ，ぽかんとあなが空いていました。はっとして，進一郎は目をそらしました。自分の体にも，ぽかんと大きなあなが空いたように思われました。

気になって，学校の帰りにも通りました。今度《こんど》は，白い紙がはってありました。紙いっぱいに，すみで黒々と，「ガラスをわったのはだれだ！」と書いてあります。「ぼくです。」と，心の中でさけびながら，進一郎はあわててかけ出しました。

次《つぎ》の日は雨でした。風もふいていました。進一郎は，学校の帰りに，また遠回りをしました。まどは，きのうのままです。太い字が，進一郎をにらみつけています。心がしめって，重《おも》くなりました。

その日の夕方，台所《だいどころ》で，お母さんがいきなり，「あらっ。」とさけびました。

「まあ，にくらしいこと。ねこに，魚を取《と》られたわ。」

進一郎もおどろいて，台所へ行きました。お母さんが，くやしそうに外をのぞいています。

「どこのねこかしら。ずうずうしいわね。しかたがないわ。お母さんが，がまんしましょう。」

「いいよ，お母さん。ぼくと半分ずつ食べれば……。」

——どこのねこだろう。今度見つけたらひどい目にあわせてやろう。

と，進一郎は思いました。

家族《かぞく》三人で，二ひきの魚を分け合って，夕飯《ゆうはん》を食べました。すると，げんかんで声がしました。近所《きんじょ》の山田《やまだ》さんのお姉さんでした。

「おたくで，もしや，ねこに魚を取られませんでしたか。」

「ええ，さっき取られましたけど。」

「あら，おたくでしたの。本当に申《もう》しわけございません。うちのねこが取ったのです。分かってよかったわ。」

山田さんのお姉さんは，ねこが魚を食べているのを見つけ，おどろいて一けん一けんたずねて回っていたのです。

（奈街三郎《なまちさぶろう》の作品《さくひん》による。『３年生の道徳《どうとく》』文溪堂《ぶんけいどう》　より）

ステップ 2

正直にみとめることや，素直にあやまることで，信《しん》らい関係《かんけい》がつくられる。

ステップ 3

■親や友達《ともだち》から注意《ちゅうい》されたとき，どうすればいいかな。

○友達は自分のことを思って注意してくれていることを理解《りかい》する。
○注意されたあとにどうすればよいかを考える。

■ふり返《かえ》ってみよう。

○うそをついたときには，どんな気持ちになったか。
○素直にあやまられたとき，どんな気持ちになったか。

ステップ 4

■正直で素直な心をもって生活していこう。
■友達の正直で素直な心も見つけてみよう。

ステップ 5

■自分や友達が正直で素直な心で行動していたことを発表《はっぴょう》し合おう。

25 自分以《い》外《がい》はみな先生

【学習《がくしゅう》のねらい】 ★だれに対《たい》してもそんけいの気《き》持《も》ちをもってせっすることができる。

ステップ 1

■いろいろな人から話を聞いて，よかったことはあるかな。

びんの中のよごれが落《お》ちないなぁ…。
どれどれ。水とたまごのからをくだいて入れて、ふってみてごらん。
すごい！きれいになった！おばあちゃん，ありがとう。
昔《むかし》からあるくらしの知《ち》えだよ。

このえきは，ゆっくり少しずつ入れるんだよ。
なんか，うまく固《かた》まらないなぁ。
うまくできた。ありがとう。
何度《なんど》か作っているからね。

うまく乗《の》れないなぁ…。
よかったね。わたしもそうやって練習《れんしゅう》したんだよ。
あっ，できた！

ステップ 2

ちょっとしたひと言が，自分のためになっている。
そんけいの気持ちをもってかかわることが大切である。

ステップ 3

■いろいろな人の話を聞いて，自分の知らないことや役立《やくだ》つことを学んでみよう。

○ていねいな言葉《ことば》づかいでたずねる。
○いろいろな人から聞いた話をもとに自分の考えを広げる。

地域《ちいき》のお年寄《としよ》りに

友達《ともだち》に

上級生《じょうきゅうせい》に

ステップ 4

■周《まわ》りにいる人たちからいろいろなことを教えてもらおう。

■「なるほど」と思ったことは，生活の中で実行《じっこう》していこう。

相手《あいて》を大切にしてせっしていくことが大事《だいじ》なんだね。

ステップ 5

■感謝《かんしゃ》やそんけいの気持ちをもってせっすることができたかな。

■教えてもらってよかったと思えることはあったかな。

26 どうしてルールを守《まも》らなくてはいけないの？

【学習《がくしゅう》のねらい】★集団《しゅうだん》生活の中でルールを正しくはんだんし，きちんと行動《こうどう》することができる。

ステップ 1

集団で活動《かつどう》するときには，なぜ，ルールがあるのかな。なぜ，ルールを守らなくてはならないのかな。

ろう下を
走らない

なんでこんなルールがあるのかな。
犬をはなさない
ごみをすてない

ステップ 2

みんなが安全《あんぜん》で気持《きも》ちよく生活するためにルールがある。

もし、学校で
ルールがなくな
ったら、どうな
るだろう…。

ステップ 3

- 学校でのルールをなくしたら，どうなるのかを話し合ってみよう。
- 自分たちの生活の中にどんなルールがあるのか，またルールがある理由《りゆう》について考え，話し合ってみよう。
- 学級《がっきゅう》や学校のルールが守られているか，話し合ってみよう。

ステップ 4

- 学級や学校でのルールを守って正しく行動していこう。

ステップ 5

- なぜ，学級や学校にはルールがあるのかを考えることができたかな。
- みんなが安全に，気持ちよく生活していくためには，どんなことに気をつければいいのかな。

27 みんないっしょに生きている

地域《ちいき》の中で生きる

【学習《がくしゅう》のねらい】 ★地域の一員《いちいん》として，地域のことについて適切《てきせつ》にはんだんし，行動《こうどう》することができる。

ステップ 1

■自分の町のよいところをさがそう。

ステップ 2

地域はみんなでささえ合い，
みんなの力で大切にする。

ステップ 3

■地域のために努力《どりょく》している人について話し合ってみよう。

○地域の安全《あんぜん》
○地域のかんきょう
○地域の行事《ぎょうじ》

■地域の中で気持《きも》ちよく生活するために，必要《ひつよう》なことを考えて，発表《はっぴょう》してみよう。

ステップ 4

■地域について関心《かんしん》をもとう。

■自分ができることを見つけよう。

ステップ 5

■いろいろな人がおたがいに助《たす》け合いながら生活していることがわかったかな。

28 自分たちでできること

【学習《がくしゅう》のねらい】★地域《ちいき》や社会の小さなことに気づき，だれかのために自分や自分たちができることを考え行動《こうどう》することができる。

ステップ 1

■こんなことはないかな。

ステップ 2

よいと思ったことは進《すす》んで行動することが大切である。

ステップ 3

■町でのこまった体験《たいけん》について話し合ってみよう。

○なぜ，そのようなことが起《お》きるのだろう。
○解決《かいけつ》するために，どんなくふうをしているのだろう。
○自分たちにできることを考える。

ステップ 4

■地域にあるしせつや公共物《こうきょうぶつ》を大切に使《つか》おう。

■地域のためになることはやっていこう。

○きけんなことは，親や先生にまず伝《つた》える。

■ボランティアなど，地域のための活動《かつどう》に参加《さんか》しよう。

ステップ 5

■周《まわ》りの人の役《やく》に立つ行動ができているかな。

29 礼《れい》ぎの大切さ

【学習《がくしゅう》のねらい】 ★茶道《さどう》から誠意《せいい》ある態度《たいど》を身《み》につけることができる。

ステップ 1

■「茶道の心」って何だろう。

和敬清寂《わけいせいじゃく》

心を和《やわ》らげ敬《うやま》い，静《しず》かに物音《ものおと》もせずもてなすこと。茶道で重《おも》んずる精神《せいしん》。

ステップ 2

茶道で大切なことは，相手《あいて》に誠意をつくすことである。

ステップ 3

■茶道を体験《たいけん》してみよう。

○きちんとしたしせい
○ていねいな言葉《ことば》づかい
○茶道の作法《さほう》

■体験を通して，感《かん》じたことやわかったことを，ワークシートに記入してみよう。

■今まで，自分が，どのように人にせっしてきたかをふり返《かえ》ってみよう。

★茶道体験

すわり方

おじぎの仕方《しかた》

おかしの
いただき方

お茶の
いただき方

ステップ 4

■あいさつや言葉づかいを生活の中に生かしていこう。

■誠意をもって，相手にせっしていこう。

ステップ 5

■「誠意をつくす」という意味《いみ》を理解《りかい》できたかな。

■人に対《たい》してどのようにせっしていくべきか，考えることができたかな。

一期一会《いちごいちえ》

これは，今から400年ほど前の時代《じだい》の茶人《ちゃじん》の言葉です。「一生に一度《いちど》かぎりのお茶の会」ということで，お茶の会にのぞむときは，その会が一生に一度のものと心得《こころえ》て，まねく側《がわ》もまねかれる側も，真心《まごころ》をこめて真《しん》けんに取《と》り組みなさい，という意味です。

今でも，一生に一度の大切な出会い，という意味で使《つか》われています。

30 食事《しょくじ》の作法《さほう》

【学習《がくしゅう》のねらい】★食事の正しい作法を知り，それを生活の中で生かすことができる。

ステップ 1

■あなたは，こんな食事の仕方《しかた》をしていないかな。

食事のしせい

はしの使《つか》い方

ステップ 2

食事の作法は感謝《かんしゃ》の気持《きも》ちを表《あらわ》す大切なマナーである。

いろいろな食材《しょくざい》たち

～あなた（動植物《どうしょくぶつ》）の命《いのち》をわたし（自分）の命に代《か》えさせて『いただきます』～

一生けん命《めい》作ってくれる人

～食材・食事を作ってくれた人に対《たい》して『ごちそうさま』～

ステップ 3

■正しい食事の作法を学ぼう。

はしの美《うつく》しい持《も》ち方

はしの上手《じょうず》な使い方

はしを使いこなそう

切る

つまむ

包《つつ》む

はがす

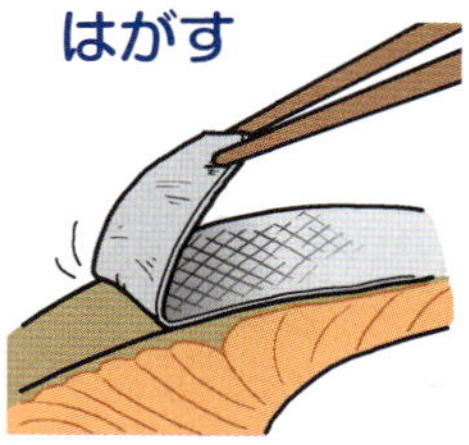

茶わんの持ち方

正しいしせいができているかな？

食べやすい配《はい》ぜん例《れい》

ステップ 4

■食事の作法を守《まも》っておいしく食べよう。

■食材や食をささえてくれている人への感謝の気持ちをもとう。

ステップ 5

■作法を守り，感謝の気持ちをもって食事をしているかな。

外国では，日本と食事の作法がちがう場合があります。

31 品川博士《しながわはかせ》への道

【学習《がくしゅう》のねらい】★自分たちの住《す》んでいる町の文化《ぶんか》や伝統《でんとう》を大切にすることができる。

ステップ 1

■わたしたちの住んでいる品川区《く》の文化や伝統について，どれくらい知っているかな。

いろいろな文化や伝統が品川には残《のこ》っているんだね。

▲品川区の伝統産業《さんぎょう》・のりの養《よう》しょく

東海道
五拾三次之内
品川

▲江戸時代《えどじだい》の東海道《とうかいどう》の様子《ようす》

品川区立
大森貝塚遺跡庭園

▲日本考古学発《はっ》しょうの地として知られる大森貝塚《おおもりかいづか》

▲品川音頭《おんど》をおどる小学生

ステップ 2

古くから伝《つた》わる文化や伝統は，多くの人が大切に受《う》けついできた意味《いみ》がある。

ステップ 3

■品川区の文化や伝統について，テーマを決《き》めて調《しら》べてみよう。

（テーマの例《れい》）
品川区の食文化，地《ち》域《いき》行《ぎょう》事《じ》，品川百景《ひゃっけい》，品川音頭，など。

■地域行事に参加《さんか》したり，いろいろな人から聞いたりして調べてみよう。

■それぞれがまとめたものをもとに，「品川区の自《じ》まん」として発表《はっぴょう》してみよう。

▲鯨塚《くじらづか》

▲江戸里神楽《さとかぐら》

▲孟宗筍《もうそうたけのこ》栽培《さいばい》記《き》念《ねん》碑《ひ》

▲道しるべ
（小山・朝日地蔵堂《じぞうどう》前）

▲大井囃子《おおいばやし》

▲伊藤博文《いとうひろぶみ》の墓《はか》

ステップ 4

■品川区の地域行事に進《すす》んで参加していこう。

■住んでいる地域についてもっと知ろう。

■体験《たいけん》できることがあったら，ちょう戦《せん》してみよう。

ステップ 5

■品川区の文化や伝統を理解《りかい》することができたかな。

■自分たちで文化や伝統を受けついでいく大切さがわかったかな。

32

発表会《はっぴょうかい》を開《ひら》こう

ポスターセッションの方法《ほうほう》

【学習《がくしゅう》のねらい】 ★ポスターセッションなどの方法を理解《りかい》し，わかりやすく発表することができる。

ステップ 1

■発表の方法を知っているかな。

発表会
オクラの子葉《しよう》は2まいで、同じ大きさでした。その後、葉《は》がたくさん出てきました。くきも高く育《そだ》ちました。
絵や図を使《つか》って発表してくれると、色、形、大きさがわかりやすいな。
?
グラフがあると、どれくらいの期間《きかん》でどれくらいくきがのびたか、わかりやすいな。
グラフにするとよくわかるわね。
つまり、このグラフからいろいろなことが見えてくるのです。
なるほど！
内容《ないよう》におうじていろいろな方法を使ってみよう。

ステップ 2

自分も相手《あいて》もよくわかるように内容を整理《せいり》することが大切である。

■聞く人の立場になって考えよう。
■ポスターなどを上手《じょうず》に使って自分の考えを説明《せつめい》しよう。

ステップ 3

■ポスターセッションで発表してみよう。

ポスターセッションの方法

○調《しら》べたことをもとに自分の考えや感想《かんそう》をもつ。
○絵やグラフを使ってポスターにわかりやすくまとめる。

↓

発表

○発表内容はなるべく覚《おぼ》えて，聞いている人たちの方を見て話す。
○聞いている人たちがわかっているか，かくにんしながら進《すす》める。
○質問《しつもん》のコーナーをもうけて，聞いている人と意《い》見《けん》交流《こうりゅう》をする。

★発表用原《げん》こう例《れい》★

①何を調べたか。
②なぜ調べようと思ったか。
③どうやって調べたか。
④調べて何がわかったか。
⑤どんなことを感《かん》じ，考えたか。

今度《こんど》はどんなくふうをして発表しようかな。

ステップ 4

■学習のまとめ，自《じ》由《ゆう》研究《けんきゅう》など，いろいろなことを発表しよう。

ステップ 5

■ポスターセッションの方法がわかったかな。
■わかりやすく説明するための資料《しりょう》を作ることができたかな。

目ざせ発表《はっぴょう》名人

ふさわしい方法《ほうほう》で伝《つた》えよう

【学習《がくしゅう》のねらい】 ★いろいろな表現《ひょうげん》の仕方《しかた》を知り，進《すす》んで活用することができる。

ステップ 1

■ねらいを伝えるためには，どんな方法がふさわしいかな。

★ビデオレター

★ポスター

★紙しばい

★投《とう》えい機《き》

★デジタルカメラ

ステップ 2

目的《もくてき》や内容《ないよう》を考え，聞き手の立場に立ってわかりやすく伝えるようにくふうする。

ステップ 3

■今，いちばんがんばっていることをしょうかいしてみよう。

ぼくががんばっていることは…。

○テーマを決《き》める。
○発表原《げん》こうを書く。
○どんなものを作るかを考える。
○資料《しりょう》をじゅんびする。
○リハーサルをする。

みんなで作ろう
発表名人の心《こころ》得《え》
その一．声の大きさに気をつけて話すべし。
その二．速《はや》さを考えて話すべし。
その三．

ステップ 4

■いろいろな場面《ばめん》で生かしていこう。

○学校の行事《ぎょうじ》で発表するとき
○町の人に考えを伝えるとき
○授業《じゅぎょう》の中で

発表名人ひょうかカード

声の大きさはよかったか。	
話す速さはよかったか。	
時間の配分《はいぶん》はよかったか。	
資料はわかりやすかったか。	

ステップ 5

■「発表名人の心得」に気をつけて発表できたかな。

■自分の発表をふり返《かえ》って，もっとくふうしたほうがよい点について考えたかな。

33 インターネットの正しい使《つか》い方

インターネットにおけるルールとマナー

【学習《がくしゅう》のねらい】 ★じょうほうの発信《はっしん》やじょうほうをやりとりする場合のルールとマナーを知り，それを守《まも》ることができる。

ステップ 1

■インターネットは，わからないことを簡単《かんたん》に調《しら》べたり，自分の意見《いけん》を世界《せかい》へ発表《はっぴょう》したりできるとても便利《べんり》なものです。これまで，インターネットについて使ったことがある経験《けいけん》を発表し合いましょう。そのとき，こまったことなども話し合いましょう。

ステップ 2

インターネットのルールやマナーを守り，安全《あんぜん》に使用《しよう》することが大切である。

ステップ 3

■インターネットのルールとマナーを守り，パソコンでインターネットを体験《たいけん》してみよう。

★ルールとマナー

○どんな目的《もくてき》でインターネットを使うのか，はっきりさせてから使います。
○知らない人に自分の名前や住所《じゅうしょ》は教えません。
○知らないサイトを見るときは注意《ちゅうい》します。
○電子メールで返事《へんじ》をするときは，相手《あいて》を思いやった文章《ぶんしょう》を送《おく》ります。
○じょうほうの発信にはせきにんをもちます。

ステップ 4

■学校や家庭《かてい》でインターネットを使うときのルールについて話し合おう。
■ほかの教科の授業《じゅぎょう》や家庭でもルールとマナーを守り，インターネットを使おう。

ステップ 5

■インターネットの便利さがわかったかな。
■インターネットを使うときに，気をつけなければならないことはどのようなことだろう。

うちでのルール

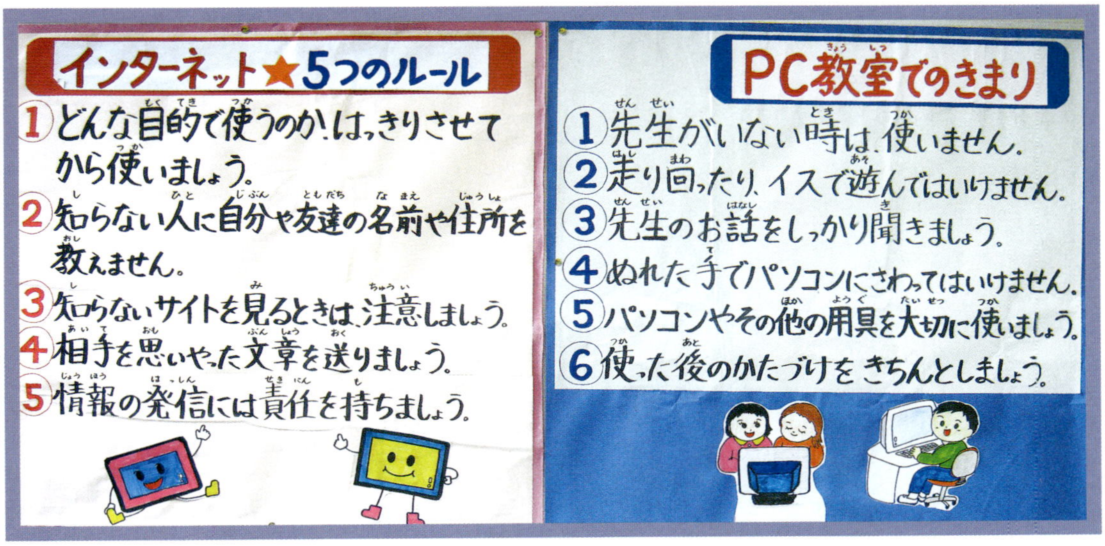
インターネット★5つのルール
1 どんな目的《もくてき》で使《つか》うのか.はっきりさせてから使《つか》いましょう。
2 知《し》らない人《ひと》に自分《じぶん》や友達《ともだち》の名前《なまえ》や住所《じゅうしょ》を教《おし》えません。
3 知《し》らないサイトを見《み》るときは、注意《ちゅうい》しましょう。
4 相手《あいて》を思《おも》いやった文章《ぶんしょう》を送《おく》りましょう。
5 情報《じょうほう》の発信《はっしん》には責任《せきにん》を持《も》ちましょう。
PC教室《きょうしつ》でのきまり
1 先生《せんせい》がいない時《とき》は、使《つか》いません。
2 走《はし》り回《まわ》ったり、イスで遊《あそ》んではいけません。
3 先生《せんせい》のお話《はなし》をしっかり聞《き》きましょう。
4 ぬれた手《て》でパソコンにさわってはいけません。
5 パソコンやその他《ほか》の用具《ようぐ》を大切《たいせつ》に使《つか》いましょう。
6 使《つか》った後《あと》のかたづけをきちんとしましょう。

34 命《いのち》の大切さ

【学習《がくしゅう》のねらい】 ★命の大切さについて考え，自分の命をささえてくれるものへ感謝《かんしゃ》しながら，一生けん命《めい》に生活することができる。

ステップ 1

■自分が生まれたころの話を家族《かぞく》から聞いて，命について考えてみよう。

○出産直後《しゅっさん》の方から話を聞いても参考《さんこう》になるでしょう。

なぜ大切なのでしょうか？

どこにあると思いますか？

命

自分の名前の意味《いみ》を聞いたことがありますか？

ステップ 2

生きることには，大きな意味がある。

自分の番　いのちのバトン

父と母で二人
父と母の両親《りょうしん》で四人
そのまた両親で八人

こうして数えてゆくと
十代前《じゅうだいまえ》で，千二十四人
二十代前では——？
なんと，百万人を超《こ》すんです

過去無量《かこむりょう》の
いのちのバトンを
受《う》けついで
いま，ここに
自分の番を生きている
それがあなたのいのちです
それがわたしのいのちです

相田《あいだ》みつを 著《ちょ》「にんげんだもの」(文化出版局《ぶんかしゅっぱんきょく》 刊《かん》)より

～ 十代前だと，何人になるだろう。そして，二十代前では，何人になるかな。～

（『いのちのおはなし』日野原重明 文
村上康成 絵　講談社《こうだんしゃ》 刊）

（『おじいちゃんのおじいちゃんの
おじいちゃんのおじいちゃん』
長谷川義史 作　BL出版 刊）

（『いのちのまつり
「ヌチヌグスージ」』草場一壽 作
平安座資尚 絵　サンマーク出版 刊）

ステップ 3

■今までの経験《けいけん》や学習から，「命の大切さ」について，自分の考えをもち，話し合ってみよう。

○自分が大切にされていると思うときは，どんなときかな。
○生きていてよかったと思ったことは，あるかな。
○命のつながりやじゅ命《みょう》，そして，命の大切さについて，どのように感じたかな。

話し合ったあと，
自分の思いや考えを
詩《し》で表現《ひょうげん》してみるの
もよいですね。

命は神様《かみさま》からのプレゼント

命の始《はじ》まり
神様からのプレゼント
たった一つの世界《せかい》に
たった一つのプレゼント
やがて終《お》わりはくるけれど
神様がくれたプレゼントは
大きな大きな私《わたし》の宝物《たからもの》

生きているということ

ただ、息《いき》をしていることじゃない。
ただ、話していることじゃない。
生きているということは、
人といっしょに思い出を
作っていくことなんだ。

（クラスの子どもの詩）

ステップ 4

■命があることのありがたさを感じ，なにごとにもちょう戦《せん》していこう。

○「感謝して生きる」「助《たす》け合って生きる」「一生けん命生きる」という気《き》持《も》ちを大切にしながら，１週間，生活してみよう。

ステップ 5

■命の大切さについて理解《りかい》し，一生けん命生活しようと思ったかな。
■自分の命をささえてくれていることに感謝できたかな。

35 見えない努力《どりょく》

【学習《がくしゅう》のねらい】★自分の弱さを乗《の》りこえて目ざすものに向《む》けて，けい続《ぞく》して努力することができる。

ステップ 1

■ゆめを実現《じつげん》させるまでには，どんな道のりがあったのかな。

ステップ 2

成功《せいこう》のかげには，決《けっ》してあきらめない強い意志《いし》と努力がある。

アスリートとしての僕《ぼく》は，特別体格《とくべつたいかく》がいいわけでも，体力的《たいりょくてき》に優《すぐ》れたものがあるわけでもない。決して特別な人間ではない。こんな僕ができるのだから，みんなも努力すれば夢《ゆめ》は叶《かな》う，と僕は思う。

僕は，最初《さいしょ》から速《はや》かったわけでもない。たくさん負《ま》けて，たくさんの屈辱《くつじょく》も味《あじ》わって，それでも夢をあきらめなかった。

水泳《すいえい》をしていない人たちから見たら，僕の人生はとても順調《じゅんちょう》に歩んでいるように見えるかもしれない。けれども，現実《げんじつ》は違《ちが》う。あがいて，もがいて，苦《くる》しんで。ほとんど毎日休むことなく練習《れんしゅう》をしてきた。（北島康介《きたじまこうすけ》）

（『夢の力こぶ　北島康介とフロッグタウンミーティング』北島康介著《ちょ》　角川《かどかわ》つばさ文庫《ぶんこ》）

ステップ 3

■これまでの自分をふり返《かえ》ってみよう。

○失敗《しっぱい》したとき，うまくいかなかったとき，どうしたのかを思い出す。
○失敗を乗りこえることができたのは，なぜかを考える。
○あきらめてしまったのは，なぜかを考える。
○活《かつ》やくしている人，成功している人のかげの努力を想像《そうぞう》してみる。

ゆめは簡単《かんたん》に実現できないから、人は努力するんだね。

■ワークシートに書いてみよう。

○やってみたいこと
○やっていること

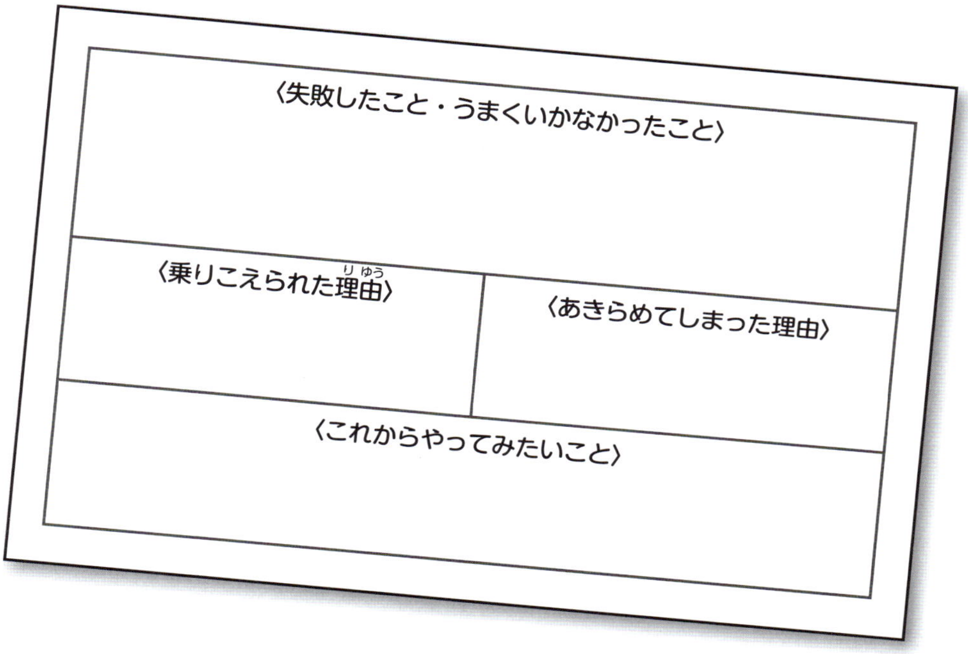
〈失敗したこと・うまくいかなかったこと〉
〈乗りこえられた理由《りゆう》〉
〈あきらめてしまった理由〉
〈これからやってみたいこと〉

ステップ 4

■やろうと決《き》めたことは，続《つづ》けて取《と》り組んでいこう。

ステップ 5

■失敗してもうまくいかなくても，決めたことをあきらめずに続けていく意味《いみ》がわかったかな。

鴨《かも》の水かき

水の上を気楽そうに泳《およ》いでいる鴨も，水面下《すいめんか》ではたえず水かきを動《うご》かしていることから，なにごとも，そのかげには，ほかの人にはわからない苦労《くろう》があるということのたとえ。

まかぬ種《たね》は生えぬ

何もしないでよい結果《けっか》を期待《きたい》しても，それを得《え》ることはできないということのたとえ。

けい続《ぞく》は力なり

【学習《がくしゅう》のねらい】 ★先人の生き方を学び，その残《のこ》したものや努力《どりょく》に気づき，自分の生き方に生かすことができる。

ステップ 1

伝記《でんき》を読んで，先人の生き方を知ろう。

医学《いがく》につくした野口英世《のぐちひでよ》

世界的《せかいてき》にみとめられる研究《けんきゅう》を行い，アメリカで活《かつ》やくしていた野口英世は，アフリカではやりだした黄熱病《おうねつびょう》の研究に取《と》り組む決心《けっしん》をしました。

「よその国のことは，その国の人にまかせればいい。」
「あなたのような，世界的な学者《がくしゃ》が，わざわざいくことはない。」

妻《つま》のメリーも，大声をあげて，
「アフリカのゴールドコーストですって。とんでもない。あそこは，イギリスがおさめているところよ。イギリスの医者《いしゃ》にまかせるべきよ。」
と，反対《はんたい》しました。

ロックフェラー財団《ざいだん》でも，なんども念《ねん》をおしました。
「ほんとうにいくのですか。」
「もちろんです。」
「あついところですよ。病気《びょうき》のあとで，からだがよわっているようにみえますが。」
「わたしは，いままで黄熱病にとりくんできました。その黄熱病がはやっているときいては，いかないわけにはいきません。」
「あなたは，研究熱心《ねっしん》のあまり，むちゃな生活をなさるかたです。そんな生活は，アメリカではとおっても，あの熱帯《ねったい》の地，アフリカではつうじませんよ。」
「ありがとう。でも，わたしはおおくの年月を黄熱病の研究についやしてきました。この病気には，まだまだわからないところがあります。わたしはいかなければならないのです。いって自分で患者《かんじゃ》に会い，そのうでから血《ち》をとり，そのあたらしい血で研究をしたいのです。」

（浜野《はまの》卓也《たくや》作『野口英世』ポプラ社　より）

★野口英世のおはかにきざまれている言葉《ことば》

「この人は，すべてを科学にささげ，全人類《ぜんじんるい》のために生き，全人類のために死《し》んでいった。」

ステップ 2

目標《もくひょう》に向《む》かって努力を続《つづ》けることが大切である。

ステップ 3

■先人の生き方について，話し合ってみよう。

■将来《しょうらい》の自分のゆめをもとにして，伝記を読んでみよう。

■スピーチをしてみよう。

○伝記の人物《じんぶつ》をしょうかいする。
○なりたい自分のすがたを発表《はっぴょう》する。

ステップ 4

■いろいろな人の生き方に学んで，自分が毎日取り組むことを決《き》め，実行《じっこう》していこう。

ステップ 5

■決めたことを毎日実行できたかな。

36 わたしたちにできること

【学習《がくしゅう》のねらい】 ★ユニセフの取《と》り組みやボランティア活動《かつどう》の目的《もくてき》について理解《りかい》し，これらの活動に進《すす》んで取り組むことができる。

ステップ 1

■ユニセフって何だろう。ボランティアって何だろう。

助《たす》けを必要《ひつよう》としている子どもたちがいる

©UNICEF/HQ05-0161/Shehzad Noorani
提供《ていきょう》：(財《ざい》)日本ユニセフ協会《きょうかい》

©UNICEF/HQ02-0258/Ami Vitale
提供：(財)日本ユニセフ協会

ステップ 2

こまっている人を助けるのはあたりまえのことである。

ステップ 3

■目的や内容《ないよう》について調《しら》べてみよう。

○ユニセフの活動について
○ボランティア活動について
○ぼ金《きん》活動について

■学級《がっきゅう》や学校で取り組んでみよう。

○自然災害《しぜんさいがい》や世界《せかい》の中でこまっている人のためのぼ金活動
○身近《みぢか》にあるボランティア活動

■取り組みを通して自分たちの役割《やくわり》について感《かん》じたことや考えたことを発表《はっぴょう》してみよう。

④この線《せん》で折《お》って㋖と㋗をあわせる
③この線《せん》で折《お》って㋔と㋕をあわせる
100円《えん》でできること
79錠《じょう》 1錠《じょう》で4～5リットルの水《みず》をきれいにすることができる薬《くすり》
14袋《ふくろ》 げりで体《からだ》から水分《すいぶん》がなくなって命《いのち》をうしなうことをふせぐ粉《こな》（経口補水塩《けいこうほすいえん》）
6回分《かいぶん》 ポリオから子《こ》どもを守《まも》るためのワクチン
100円《えん》がたくさんあつまると
熱《ねつ》に弱《よわ》いワクチンを運《はこ》ぶのに必要《ひつよう》な保冷箱《ほれいばこ》1個《こ》 1,050円《えん》
マラリアの原因《げんいん》となる蚊《か》から身《み》を守《まも》るための殺虫剤処理《さっちゅうざいしょり》をした蚊帳《かや》3張《はり》 1,575円《えん》
緊急時《きんきゅうじ》に栄養《えいよう》が足《た》りない子《こ》どもに食《た》べさせる高《こう》カロリービスケット20箱《はこ》 2,100円《えん》
難民《なんみん》キャンプでも80人《にん》の子《こ》どもが勉強《べんきょう》を続《つづ》けることができる教育《きょういく》キット（スクール・イン・ア・ボックス） 18,900円《えん》
（1米《べい》ドル＝105円《えん》で計算《けいさん》）
②この線《せん》で折《お》って㋒と㋓をあわせる
©UNICEF/HQ01-0630/Shehzad Noorani
生《い》きたい！
学《まな》びたい！
遊《あそ》びたい！
かなえよう子《こ》どもたちの願《ねが》い
（財）日本ユニセフ協会（ユニセフ日本委員会）
〒108-8607
東京都港区高輪4-6-12 ユニセフハウス
TEL：03-5789-2014 FAX：03-5789-2034
ホームページ：http://www.unicef.or.jp
募金口座＊
郵便局（ゆうちょ銀行）：
00190-5-31000
unite for children
unicef
★このチラシは募金袋《ぼきんぶくろ》になります。作《つく》り方《かた》は裏面《うらめん》を見《み》てください。

（財）日本ユニセフ協会　学校事業部《じぎょうぶ》（連絡先《れんらくさき》：03-5789-2014）

わたしたちのぼ金のうち，100円で，１じょうで4～5ℓの水をきれいにすることができる薬《くすり》79じょうを買うことができます。

（1ドル＝105円で計算）

世界には，学校に行きたくても行けない子どもが，１億《おく》100万人います。

「世界がもし100人の村だったら」

村人のうち１人が大学の教育《きょういく》を受《う》け２人がコンピューターをもっています。けれど，14人は文字が読めません。

（池田香代子《いけだかよこ》　再話《さいわ》「世界がもし100人の村だったら」マガジンハウス　より）

ステップ４

- もし世界のどこかでこまっている人がいたら，何かできることはないか考えよう。

ステップ５

- ユニセフの役割やボランティア活動の目的がわかったかな。
- 相手《あいて》の気持《きも》ちを考えて活動できたかな。
- 社会の一員《いちいん》として，自分にはよりよい世界をつくる力や役割があることを理解することができたかな。

ユニセフマークの意味《いみ》

平和《へいわ》の印《しるし》であるオリーブの葉《は》に囲《かこ》まれた地球《ちきゅう》の上で，子どもが高くだき上げられています。このマークには世界中すべての子どもたちが，心も体も健康《けんこう》に育《そだ》ち，よりよい世界をつくる力になっていってほしいという願《ねが》いがこめられているのです。
（日本ユニセフ協会ホームページより）

37 かんきょうを守《まも》る

わたしたちにできること，しなければならないこと

【学習《がくしゅう》のねらい】 ★身近《みぢか》な生活や地域《ちいき》の中にあるかんきょうに関心《かんしん》をもち，解決《かいけつ》に向《む》けて取《と》り組むことができる。

ステップ 1

■わたしたちのくらしの中から出るごみについては，どんな問題《もんだい》があるのかな。

[1人1日当たりのごみのはい出量《しゅつりょう》(東京都《とうきょうと》)]

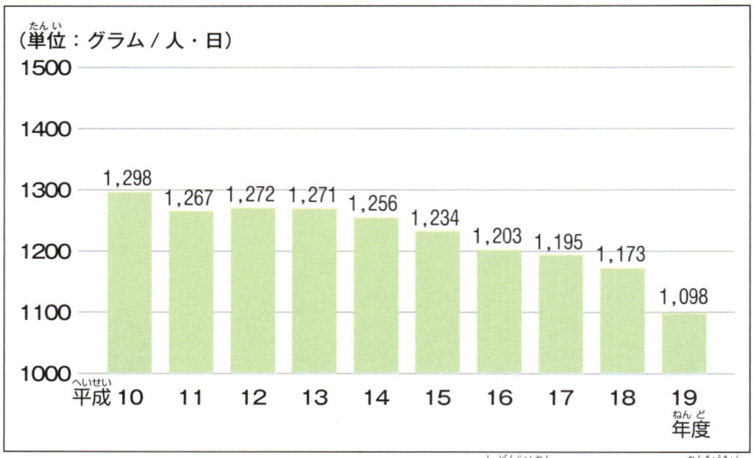

「東京の資源循環《しげんじゅんかん》2009」(東京都環境局《かんきょうきょく》)

つり糸がからんだ▶カワウ

▲最終《さいしゅう》ごみ処分場《しょぶんじょう》

▲キャンプ場のとなりに放置《ほうち》されたごみの山

ステップ 2

すべての人間には，地球《ちきゅう》を守るぎむがある。

ステップ 3

■身近なかんきょうの問題について考えてみよう。

○東京都のごみ処分場には，限界《げんかい》がある。
○分別《ぶんべつ》やリサイクルが進《すす》み，ごみの量は少しずつへっている。

■３R《アール》（リデュース・リユース・リサイクル）について調《しら》べてみよう。

■かんきょうを守るためにできることを考えてみよう。

○取り組むことを具体的《ぐたいてき》に決《き》める。

わたしたちにはどんなことができるかな。

ステップ 4

■決めたことを家庭《かてい》で1週間実行《じっこう》していこう。

■学校でも，ごみをへらしたり，水や電気を大切に使《つか》ったりするようよびかけていこう。

ステップ 5

■みんなで協力《きょうりょく》して取り組み続《つづ》けることができたかな。

■ほかにかんきょうを守るためにできることをやっているかな。

省《しょう》エネ作戦《さくせん》
（平成22年度しながわ版《ばん》家庭ISO《アイエスオー》より）

- 冷《れい》ぼう，だんぼうの温度《おんど》を1度ひかえる。
- 出かけるときは，電車やバスなどの交通機関《きかん》を利用《りよう》する。
- テレビなどの電気製品《せいひん》を使わないときは，主電源《しゅでんげん》をこまめに切る。
- おふろのシャワーを流《なが》しっぱなしにせず，むだなく使う。
- テレビを見る時間をへらす。

38 お金はどこからくるの？

【学習《がくしゅう》のねらい】★お金についての正しい知識《ちしき》をもち，大切に使《つか》うことができる。

ステップ 1

■あなたはお金を使っているかな。

ありがとう。
はい，これで買いなさい。

★くらしにかかるお金は…

水道代《だい》・ガス代
食費《しょくひ》
衣服《いふく》のこう入《にゅう》費・電話代
電気代
ガソリン代・車のい持《じ》費など

■あなたは，お小づかいをどのように使っているかな。

友達《ともだち》が持《も》っていたから，ほしいなあ。
三か月分のお小づかいをためて買おう！
買わなくてもよかった。
大切に使おう。なくさないように気をつけよう。

ステップ 2

あなたが使ったお金は，家族《かぞく》が生活するための大切なお金の中から出ている。

家の人が働《はたら》いて得《え》たお金だね。

ステップ 3

■お金を使う前に考えることについて話し合ってみよう。

■かぎられたお小づかいを大切に使う方法《ほうほう》を考えてみよう。

野球《やきゅう》のスパイクもサイズが小さくなったし…。
どうしてもいるかなあ。

＊まず，買いたい物《もの》を書き出してみよう。

＊お小づかいの使い方の計画を立てよう。

ステップ 4

■お小づかい帳《ちょう》をつけてみよう。

一か月でお金を何に使っているかな。

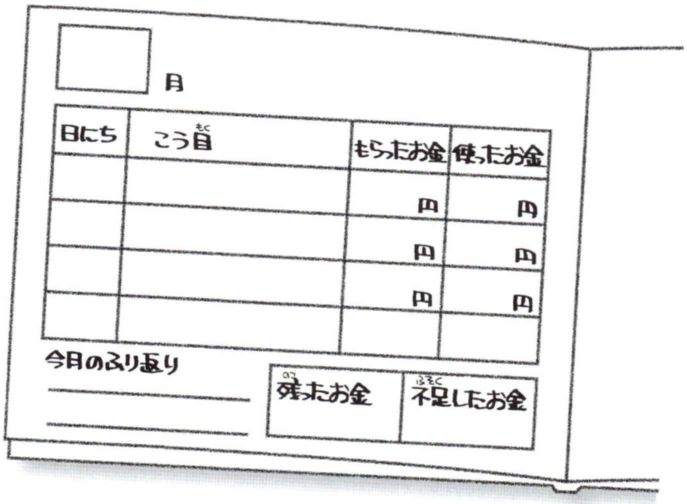
月
日にち
こう目《もく》
もらったお金
使ったお金
円
円
円
円
円
円
今月のふり返り
残《のこ》ったお金
不足《ふそく》したお金

ステップ 5

■むだ使いをしないお金の使い方を考えることができたかな。

・自分のお金の使い方をふり返《かえ》り，よかったものには○，そうでないものには△をつけてみよう。

・これからの使い方の計画を立ててみよう。

39 仕《し》事《ごと》とわたしたちのつながり

【学習《がくしゅう》のねらい】★仕事が自分の生活につながっていることを理《り》解《かい》し，社会にある仕事を見ることができる。

ステップ 1

■生活とのつながりを考えてみよう。

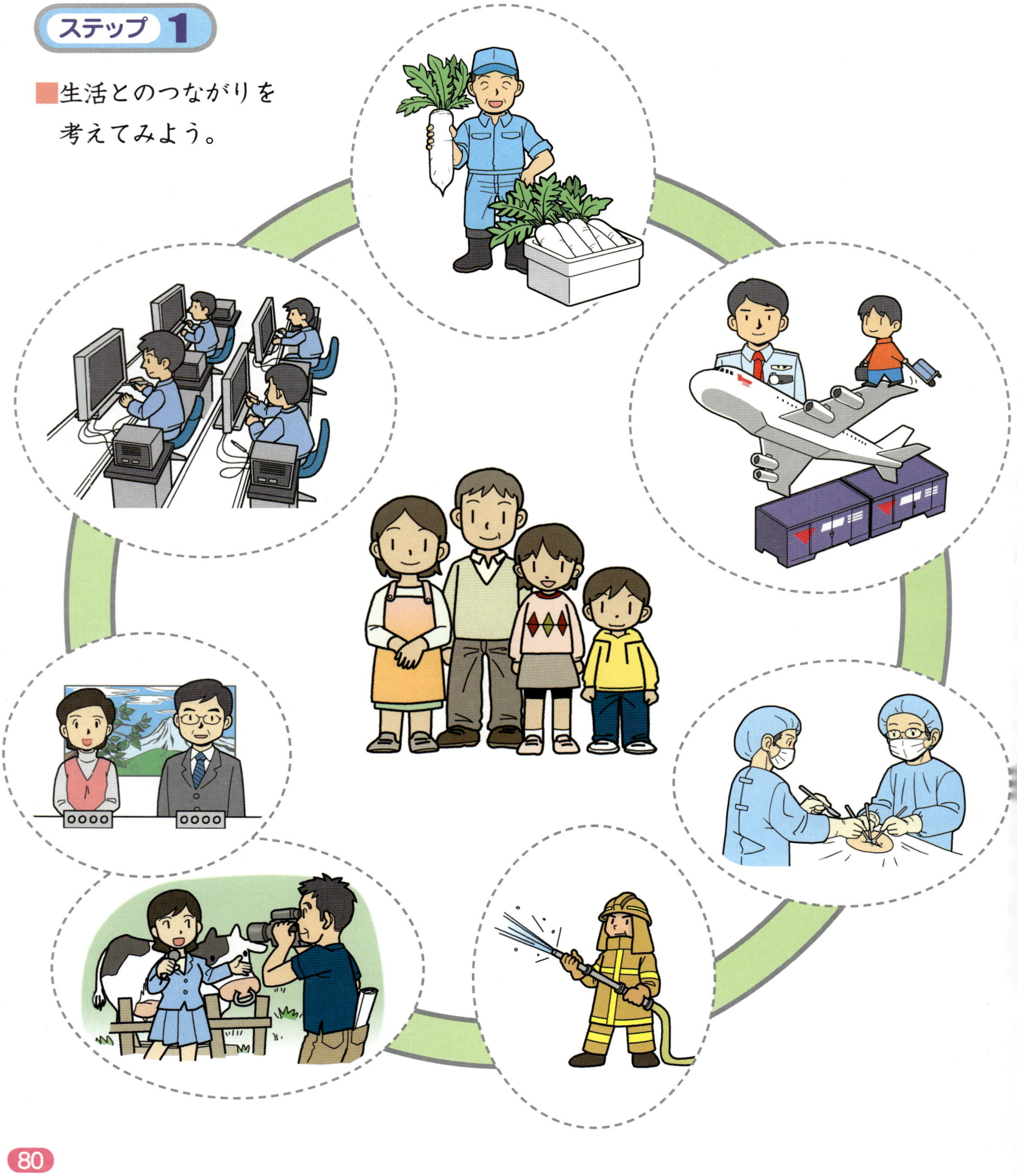

ステップ 2　仕事は，わたしたちの生活とつながっている。

ステップ 3

うわーきれい。母にプレゼントするの。いくらですか？
500円です。ありがとうございます。

■自分の生活と仕事には，どのようなつながりがあるのかを図にしてみよう。

○食べ物《もの》や物を通してのつながり
○サービスやじょうほうを通してのつながり
○安全《あんぜん》や安心・健康《けんこう》を守《まも》ることを通してのつながり
○しゅ味《み》やご楽《らく》を通してのつながり

■お金は，どのようなはたらきをしているか話し合おう。

お小づかいでプレゼントのお花を買っているね。

ステップ 4

■興味《きょうみ》のある仕事と自分の生活とのつながりについて調《しら》べよう。

★興味のある仕事…（保育士《ほいくし》）

○自分の生活とのつながり
・わたしは，小学校入学前に○○保育園に通っていた。わたしの両親《りょうしん》は，安心して働《はたら》けた。わたしも安全に，健康にすごすことができた。
→安全や安心・健康を守ることを通してのつながり

ステップ 5

■生活と仕事の関係《かんけい》を理解することができたかな。
■興味のある仕事と生活とのつながりがわかったかな。

仕事は、どこかでつながっているんだね。

40 未来《みらい》の自分に向《む》かって

ゆめに近づくために

【学習《がくしゅう》のねらい】 ★自分の将来《しょうらい》をイメージして，自分のよさや得意《とくい》なことをのばそうと努力《どりょく》することができる。

ステップ 1

■これまでの自分をふり返《かえ》ってみよう。

■自分のよいところ，得意なこと，好《す》きなことを思いうかべよう。

ステップ 2

将来のゆめを強くもっていると，そのゆめに近づいていける。

ステップ 3

■学習が将来どんなことに役立《やくだ》つのか考えてみよう。

■自分のゆめを実現《じつげん》させるために必要《ひつよう》なことを話し合ってみよう。

○友達《ともだち》と　○家族《かぞく》と

■話合いの中から，自分のこれからの課題《かだい》を見つけてみよう。

■未来の自分のためにタイムテーブルを作ってみよう。

■これからの自分のすがたを想像《そうぞう》してみよう。

中学生になり，いずれは社会人になるのね。
外国と取《と》り引きする仕事《しごと》がしたいな。自然《しぜん》を楽しむことも続《つづ》けたいな。

へのタイムテーブル
○才のわたし
○才のわたし

ステップ 4

■自分の未来に向かって，今できることを考え，少しずつでも実《じっ》行《こう》していこう。

ステップ 5

■自分がなりたい未来のすがたをイメージできたかな。

■今できることを具体的《ぐたいてき》に見つけ，努力しているかな。

41 見つけてみよう，わたしの仕事《しごと》

【学習《がくしゅう》のねらい】 ★自分が将来《しょうらい》つきたい仕事について，調《しら》べたり考えたりすることができる。

ステップ 1

■社会には，どんな仕事があるのかな。

ステップ 2

仕事は自分のよさを生かせるものである。

ステップ 3

■自分にはどんな仕事が向《む》いているのかを考えてみよう。

○せいかく，特技《とくぎ》，好《す》きなことなど

■自分の特ちょうと興味《きょうみ》がある仕事とのかかわりを考えてみよう。

■仕事について，身近《みぢか》な人にインタビューしてみよう。

ステップ 4

■自分の将来について具体的《ぐたいてき》に考えていこう。

ステップ 5

■将来，やってみたい仕事が見つかったかな。

調べる，じゅんびする，話し合う

※5年生になると，スチューデントシティで実社会《じっしゃかい》の仕事を体験《たいけん》できる。そのときには，この学習を生かして，自分が取《と》り組む仕事を選《えら》んでいこう。